Stefanie Lohmiller
Andrea Tonte

Mit Kindern das Klassenzimmer gestalten

Kunstprojekte im 3./4. Schuljahr

Oldenbourg

Inhalt

Vorwort 2

Schuljahresanfang

Riesenrad (Türplakat) 3
Autobahn (Geburtstagskalender) 6
Geburtstagsthron 6
Zaun 8
Raben auf dem Zaun (Namensschilder) 8
Jahreszeitenecke 11
Klassenkerze 11

Herbst

Die Jahreszeitenecke im Herbst 12
Kürbisse 12
Sonnenblumen 15
Baum aus getrockneten Blättern (Gemeinschaftsarbeit) 17
Bucheckerkugeln 17
Vogelscheuche 18
Martinsgans aus Salzteig 19
Windlicht zu St. Martin 20

Winter und Weihnachten

Die Jahreszeitenecke im Winter 21
Schnee-Eule aus Trinkjoghurtflasche 21
Schneemann-Gliederpuppe 23
Nikolaustopf 25
Hänge-Engel 27
Adventskalender (Kartoffeldruck) 28
Geschenkpapier, Weihnachtskarten, Geschenkanhänger 28
Winterlicht 29
Verschneite Tannen 29
Knusperhaus 31

Fasching

Zauberbaum 32
Hexe auf dem Pinsel 35
Schwarze Katze 36
Frösche 38
Vampir 38
Gespensterlicht 40
Girlanden 40
Zauberstab 43

Frühling und Ostern

Die Jahreszeitenecke im Frühling 44
Watteschäfchen 44
Narzissen 45
Kochlöffelhasen 46
Hühner zum Aufhängen 46
Wachsmaleier 48
Schmetterlinge 48
Dosenosternest 49
Blüteneierbecher 50

Sommer

Die Jahreszeitenecke im Sommer 51
Fischernetze 51
Meeresfenster 51
Fische 52
Korallen 56
Seepferdchen 56
Seesterne 56
Muscheln 59
Segelschiffe 61
Faltdampfer 63
Muschelkerzen 64
Muscheltöpfe 64

Vorwort

Einen großen Teil ihres Tages verbringen Kinder in der Schule. Daher ist dieser Ort für sie nicht nur Lern- und Arbeits-, sondern auch Lebensraum. Eine kindgemäße, ansprechende Gestaltung von Klassenzimmer und Schule trägt dazu bei, dass sich die Kinder dort wohlfühlen. Auch Eltern und andere Besucher freuen sich über ein schön dekoriertes Schulhaus, das zeigt: Hier leben und arbeiten Kinder gerne.
Dieser Band bietet viele originelle Gestaltungsideen von Januar bis Dezember, abgestimmt auf das 3. und 4. Schuljahr. Alle Anleitungen sind leicht verständlich formuliert und richten sich direkt an die Kinder. Zahlreiche Schnittvorlagen und Skizzen erleichtern die Umsetzung der über 50 Kunstprojekte. Zusätzliche Anregungen zum Dekorieren und Präsentieren ihrer Arbeiten finden die Kinder in unseren Tipps. Denn sich über die Anordnung ihrer Werke am Fenster oder in der Jahreszeitenecke Gedanken zu machen, einen Schritt zurückzutreten und die gesamte Ausstellung zu begutachten, eventuell einige Stücke anders zu arrangieren – auch das müssen Kinder lernen und ausprobieren. Und schon verwandelt sich ein unauffälliger Raum in einen bunten und fröhlichen Ort, der zum Lernen und Wohlfühlen einlädt – und den die Kinder mit Stolz ihr Klassenzimmer nennen.
Wir wünschen Ihnen und Ihrer Klasse viel Spaß mit unseren Ideen.

Stefanie Lohmiller
Andrea Tonte

Aus Gründen der leichteren Lesbarkeit und aufgrund der Tatsache, dass in der Grundschule überwiegend Frauen unterrichten, wird der Begriff „Lehrerin" verwendet.

Riesenrad (Türplakat)

Material:

- ein hellblauer Plakatkarton (70 x 100 cm)
- gelbes Tonpapier (DIN A3)
- drei Bögen rotes Tonpapier (DIN A4)
- braunes Tonpapier (DIN A4)
- mittelblaues Tonpapier (DIN A3)
- sechs Fotos von der Klasse in Gruppen
- ein Foto von der Lehrerin
- sechs Briefklammern
- Stifte, Scheren, Klebstoff

So wird's gemacht:

- Fotografiert euch in Gruppen.
- Malt ein Riesenrad mit Speichen (siehe Skizze) auf das gelbe Tonpapier und schneidet es aus. Klebt es auf den Plakatkarton.
- Kopiert die Gondeln auf rotes Papier. Schneidet sie in der Mitte auseinander und klebt die Gruppenfotos dazwischen. Das Unterteil der Gondel klebt auf dem Foto, das Oberteil wird von hinten angeklebt. Befestigt die Gondeln in Höhe der Speichen mit Briefklammern am Riesenrad.
- Kopiert das Kassenhäuschen auf braunes Tonpapier, schneidet das Fenster aus und klebt das Foto eurer Lehrerin hinein.
- Vergrößert den Schriftzug auf DIN A3 und klebt ihn über das Riesenrad.

Tipp:

- Hängt das Plakat an eure Klassenzimmertür.

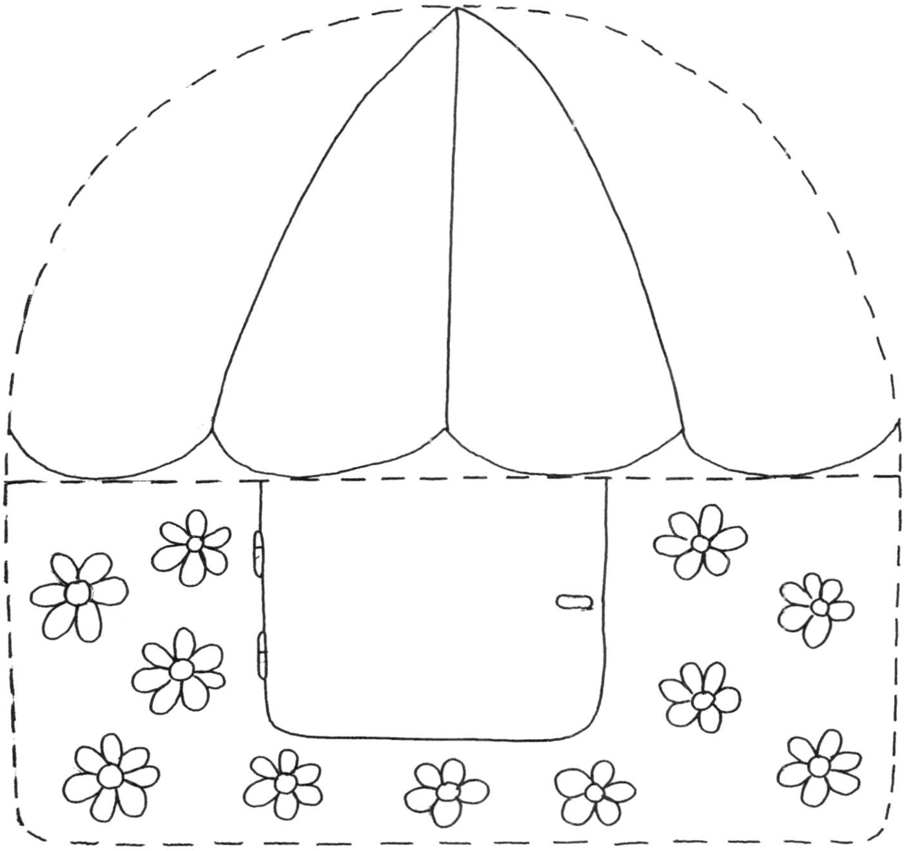

Kasse

In der Klasse ...
geht es rund!

Autobahn (Geburtstagskalender)

Material:

- zwölf Bögen buntes Tonpapier
- Fotos von der Klasse in Gruppen (nach Geburtsmonat)
- Scheren, Stifte, Klebstoff

So wird's gemacht:

- Kopiert das Auto (siehe Vorlage) 12-mal auf buntes Tonpapier.
- Fotografiert euch gegenseitig: Alle Kinder, die im selbem Monat Geburtstag haben, kommen zusammen auf ein Bild.
- Arbeitet gemeinsam in diesen Gruppen weiter und schneidet nun euer Auto aus.
- Schneidet das Foto so zu, dass oben nur noch eure Köpfe zu sehen sind.
- Klebt das Foto von hinten auf das Auto, dann sieht es so aus, als ob ihr darin sitzt. Wenn ihr beim Fotografieren darauf geachtet habt, dass sich alle Köpfe in eine Richtung drehen, dann sieht es jetzt noch „echter" aus.
- Schreibt eure Namen und Geburtstage unter das Foto auf das Auto. Der Geburtsmonat wird auf die Motorhaube geschrieben.

Tipp:

- Malt eine Straße auf ein großes Plakat und klebt die Autos hintereinander auf.

Geburtstagsthron

Material:

- ein alter Stuhl (z. B. aus dem Schulkeller)
- Acrylfarbe
- Aufkleber, Bilder o. Ä., evtl. Kleister und Glitzerspray
- Sprühlack

So wird's gemacht:

- Bittet den Hausmeister, euch einen alten Stuhl aus dem Schulkeller zu holen.
- Den Stuhl könnt ihr nach Belieben bemalen sowie mit Aufklebern oder Bildern versehen.
- Zum Schluss übersprüht ihr den ganzen Stuhl mit Lack.

Tipp:

- Auf diesem Thron darf in Zukunft das Geburtstagskind sitzen.
- Auch sonst findet ihr sicher Spiele und besondere Anlässe, bei denen ein Kind auf dem Thron sitzen darf.

Zaun

Material:

- braunes Tonpapier (DIN A3)
- Scheren

So wird's gemacht:

- Vergrößert den Zaun auf DIN-A3-Format und kopiert pro Kind ein Zaunteil.
- Jedes Kind schneidet seinen Teil aus.
- Nun setzt ihr den Zaun am Fenster zusammen.

Tipp:

- Den Zaun könnt ihr das ganze Schuljahr über am Fenster hängen lassen und jahreszeitengemäß dekorieren. Im Winter klebt ihr Watte als Schnee darauf und im Sommer lasst ihr Blumen zwischen den Latten „wachsen".

Raben auf dem Zaun (Namensschilder)

Material:

- schwarzes Tonpapier
- gelbes Tonpapier
- zwei Wackelaugen
- buntes Geschenkband für den Schal
- weißen Lackstift für die Namen
- je eine kleine Wäscheklammer zum Anstecken
- Schere, Stifte

So wird's gemacht:

- Übertrage die Raben-Vorlage mit einem hellen Stift auf schwarzes Tonpapier und schneide ihn aus.
- Kopiere den Schnabel und die Füße auf gelbes Tonpapier. Schneide sie aus und klebe sie auf den Raben.
- Klebe zwei Wackelaugen auf den Kopf und binde dem Raben mit dem Geschenkband einen bunten Schal um. Schneide das Geschenkband an den Enden mehrmals mit der Schere ein, dann hat der Schal sogar Fransen.
- Schreibe zuletzt deinen Namen mit dem weißen Lackstift **groß und in Druckbuchstaben** auf die Zeile.
- Steck dir dein Namensschild mit der Wäscheklammer an die Kleidung.

Tipp:

- Sobald eure neue Klassenlehrerin alle Namen kennt, könnt ihr die Raben mit der Wäscheklammer an dem Zaun an eurem Fenster befestigen. Solltet ihr einmal eine Vertretung haben, könnt ihr euch die Raben schnell wieder anstecken.

Jahreszeitenecke

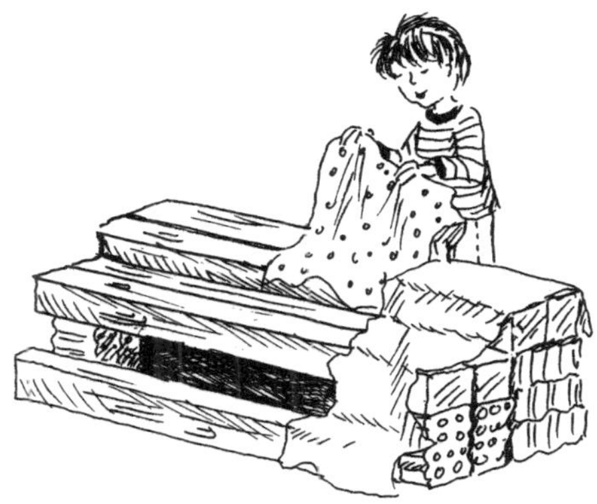

Material:

- Ziegelsteine
- Holzblöcke
- farbige Tücher
- eure Bastelarbeiten

So wird's gemacht:

- Besorgt euch im Baumarkt Ziegelsteine und Holzblöcke in verschiedenen Längen.
- Stellt die Ziegelsteine und Holzblöcke in einer Ecke des Klassenzimmers so auf, dass sich mehrere Ebenen/Terrassen ergeben.
- Mit Tüchern, die zur Jahreszeit passen, dekoriert ihr die Ecke.
- Dort könnt ihr eure Bastelarbeiten ausstellen.
- Dekoriert die Jahreszeitenecke auch mit Sammelstücken (z.B. Kastanien im Herbst, Tannenzapfen im Winter).

Klassenkerze

Material:

- große weiße Kerze
- für jedes Kind der Klasse ein gleich großes Rechteck aus einer Wachsplatte
- Wachsplatten in verschiedenen Farben
- Bastelunterlage (Brettchen oder Ähnliches)
- Messer

So wird's gemacht:

- Überlegt euch jeweils ein Motiv, das ihr auf euren Wachsplatten gestalten möchtet (z. B. einen Baum, ein Herz, eine Sonne …).
- Formt das Bild oder schneidet es mit dem Messer aus.
- Befestigt euer Bild an der Wachsplatte. Nutzt dazu die Wärme eurer Finger.
- Wenn jedes Kind sein Bild auf der Kerze angebracht hat, knetet ihr aus Wachs noch eure Klassenbezeichnung (z. B. 3a) und befestigt sie auf der Rückseite.

Tipp:

- Die Kerze kann zu Geburtstagen und anderen feierlichen Anlässen angezündet werden.

Die Jahreszeitenecke im Herbst

Ideen zur Grundgestaltung:

- Tücher in den Herbstfarben Gelb, Orange, Rot, Braun
- Stroh
- Obst
- Getreideähren (Hafer, Weizen, Roggen, Gerste)
- Kastanien, Eicheln, Bucheckern
- bunte Blätter
- Rechen

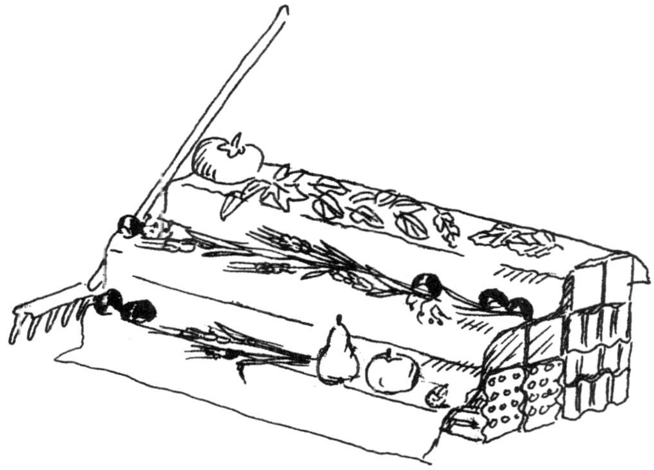

Tipp:

- Bei einem Ausflug oder Spaziergang in der Natur findest du sicher noch weitere passende Dinge.

Kürbisse

Material:

- Tonpapier in Orange, Gelb, Herbstgrün
- Schere, Stifte
- Kleber

So wird's gemacht:

- Zuerst überträgst du den Kürbis auf orangefarbenes, den Stiel auf grünes und das Gesicht auf gelbes Tonpapier.
- Schneide alles aus.
- Klebe den Stiel und das Gesicht auf den Kürbis.

Tipp:

- Kopiere die Vorlage in diversen Vergrößerungen. So erhältst du verschieden große Kürbisse. Sicher hast du auch eigene Ideen für das gruselige Kürbisgesicht.

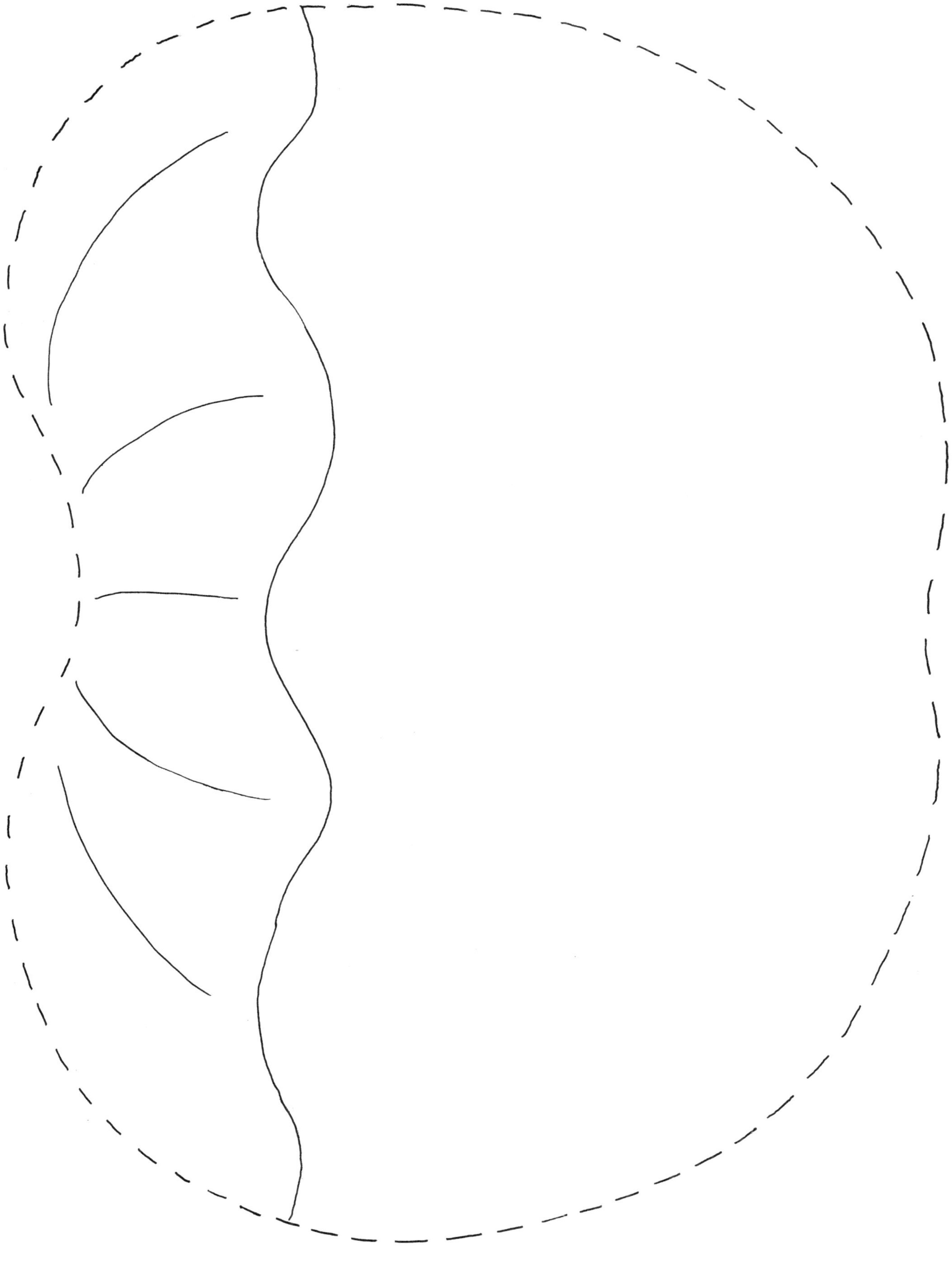

Sonnenblumen

Material:

- Tonpapier in den Farben Gelb, Braun und Grün
- Schere, Stifte, Kleber

So wird's gemacht:

- Kopiere die Blütenblätter auf gelbes Tonpapier, falte es an der gestrichelten Linie und schneide dann die Blätter aus. So erhältst du die doppelte Anzahl.
- Kopiere anschließend den Stängel auf grünes und das Blüteninnere auf braunes Tonpapier und schneide beides aus.
- Klebe die Blütenblätter fächerartig von hinten auf den braunen Kreis und klebe den Stängel ebenfalls von hinten auf.

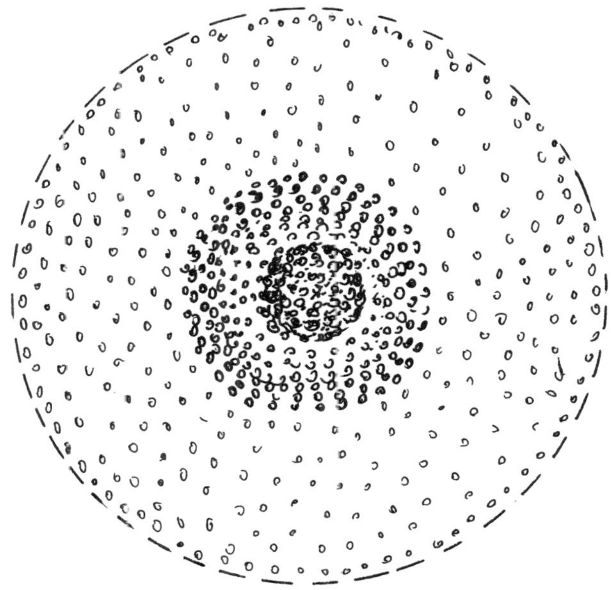

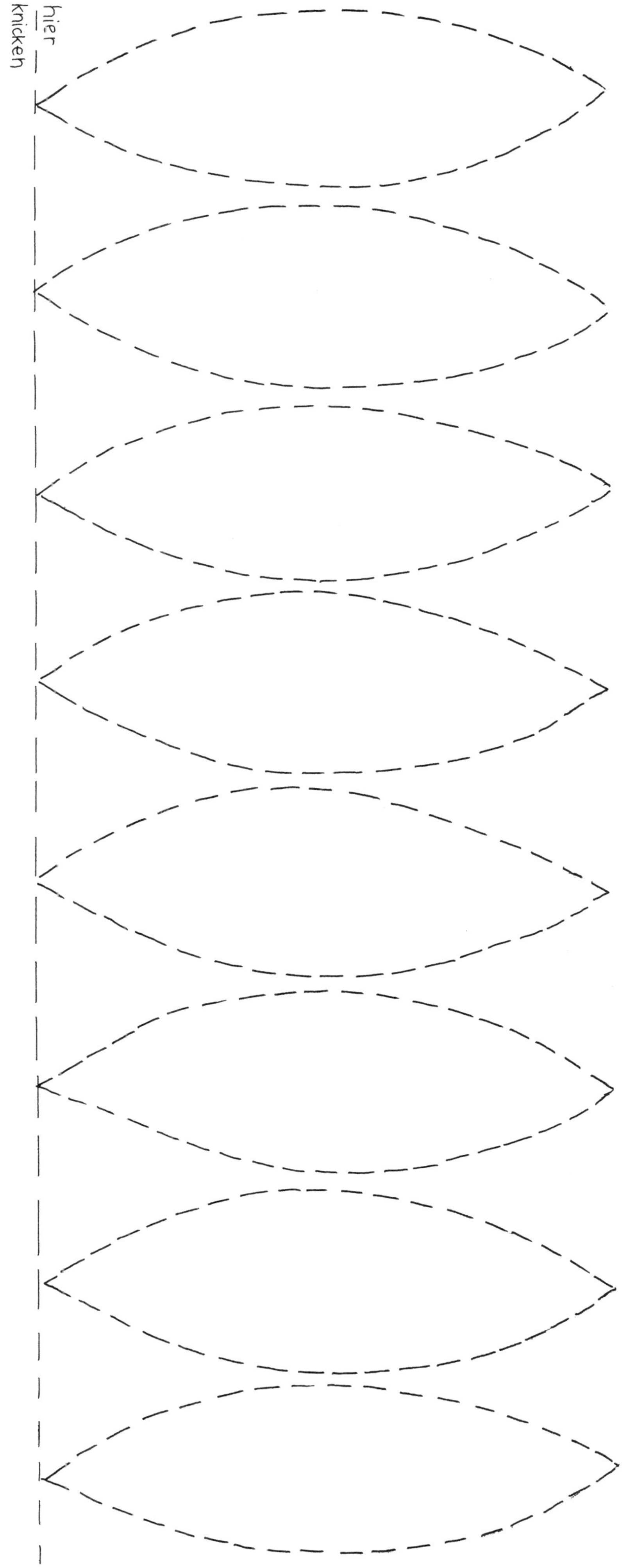
hier knicken

Baum aus getrockneten Blättern (Gemeinschaftsarbeit)

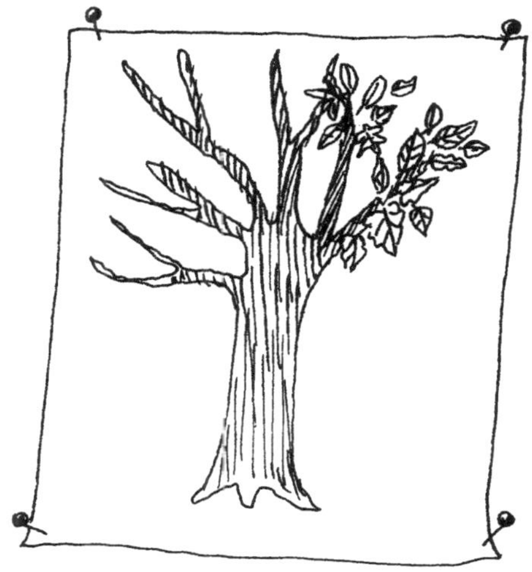

Material:

- getrocknete bunte Herbstblätter
- hellbrauner Plakatkarton (70 x 100 cm)
- Zeichenpapier
- Wasserfarben, Pinsel
- Schere, Kleber

So wird's gemacht:

- Sammelt Herbstblätter und trocknet sie zwischen Büchern.
- Nehmt den Plakatkarton und malt mit Wasserfarben einen großen Baumstamm mit Ästen darauf.
- Klebt die getrockneten Blätter auf.
- Malt Waldtiere mit Wasserfarben auf Zeichenpapier, schneidet sie aus und klebt sie unter den Baum.

Bucheckerkugeln

Material:

- eine Styroporkugel (Durchmesser ca. 10 cm)
- Stecknadeln
- Bucheckerhütchen
- buntes Geschenkband

So wird's gemacht:

- Sammel Bucheckern.
- Schneide das Geschenkband in der gewünschten Länge ab.
- Binde oben eine Schlaufe zum Anhängen und unten eine Schleife.
- Befestige das Band anschließend mit einer Stecknadel an der Styroporkugel.
- Stecke nun die Bucheckern dicht in die Kugel.

Vogelscheuche

Material:

- Kochlöffel (ca. 25 cm lang)
- Stroh
- Bast in beliebiger Farbe
- Stoff (ca. 20 x 14 cm)
- Stoffrest
- Filzstifte
- zwei Wackelaugen
- Kleber
- Schere

So wird's gemacht:

- Schneide aus dem Stroh mehrere ca. 23 cm lange Streifen.
- Binde dann mit dem Bast das Stroh quer an den Kochlöffel. Das sind die Arme der Vogelscheuche.
- Schneide in die Mitte des Stoffes einen Schlitz und ziehe den Stoff über den Kochlöffel.
- Als nächstes schneidest du vom Bast verschieden lange Streifen und klebst sie als Haare an den Kochlöffel.
- Klebe die Wackelaugen an.
- Male danach mit Filzstiften ein Gesicht auf den Löffel.
- Schneide aus dem Stoffrest ein Dreieck und binde es als Kopftuch um den Kopf deiner Vogelscheuche.

Tipp:

- Dekoriere mit deiner Vogelscheuche die Jahreszeitenecke. Stecke sie dazu einfach in das Loch eines Ziegelsteins.

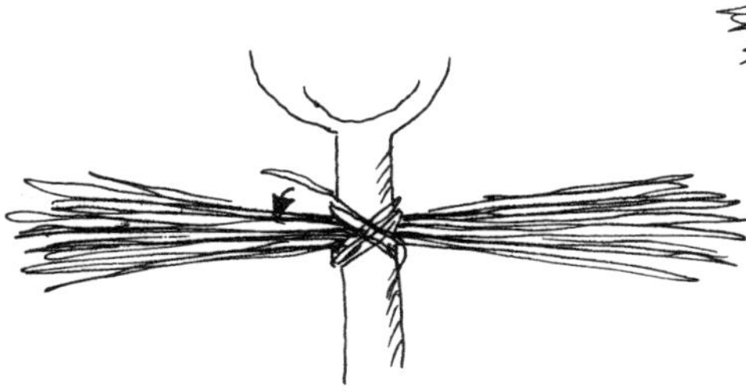

Martinsgans aus Salzteig

Material:

- Schüsseln für den Teig
- Messbecher
- Küchenwaage
- Salzteig (ausreichend für eine Klasse): 600g Mehl, 600g Salz, 300 ml Wasser, einige Tropfen Speiseöl
- Rosinen
- Knetunterlage
- weiße und gelbe Federn
- Kleber

So wird's gemacht:

- Stelle zuerst aus den Zutaten einen Salzteig her.
- Auf der Knetunterlage kannst du dann den Teig flachdrücken.
- Forme einen Gänsekörper. Die Vorlage hilft dir dabei.
- Knete einen Flügel und setze ihn auf die Gans.
- Drücke eine Rosine als Auge in den Kopf.
- Befestige die Federn mit Kleber an dem Flügel.
- Lass deine Gans auf der Heizung trocknen.

Windlicht zu St. Martin

Material:

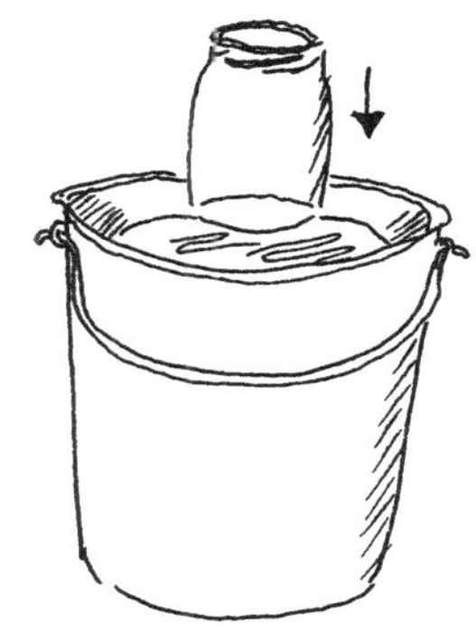

- sauberes, großes Gurkenglas
- zwei Marmorierfarben
- Eimer
- Wasser
- Zahnstocher
- Seidenpapier
- Goldfolie
- Schere
- Klebestreifen
- Kleber
- Teelicht

So wird's gemacht:

- Fülle den Eimer mit Wasser.
- Gib ein paar Tropfen Marmorierfarbe auf die Wasseroberfläche.
- Ziehe mit dem Zahnstocher ein Muster.
- Tauche dein Gurkenglas vorsichtig bis zum Rand in das Wasser. Ziehe es schnell wieder heraus und lass es anschließend trocknen.
- In der Zwischenzeit formst du aus Seidenpapier kleine Kügelchen.
- Von der Goldfolie schneidest du einen ca. 50 cm langen und 5 cm breiten Streifen ab.
- Schneide Fransen in die Folie.
- Wenn dein Glas trocken ist, wickelst du die eingeschnittene Goldfolie um die Öffnung und befestigst sie mit Klebestreifen.
- Bringe die Seidenpapierkügelchen mit Kleber auf dem Glas an.
- Stelle zum Schluss ein Teelicht in dein verziertes Glas.

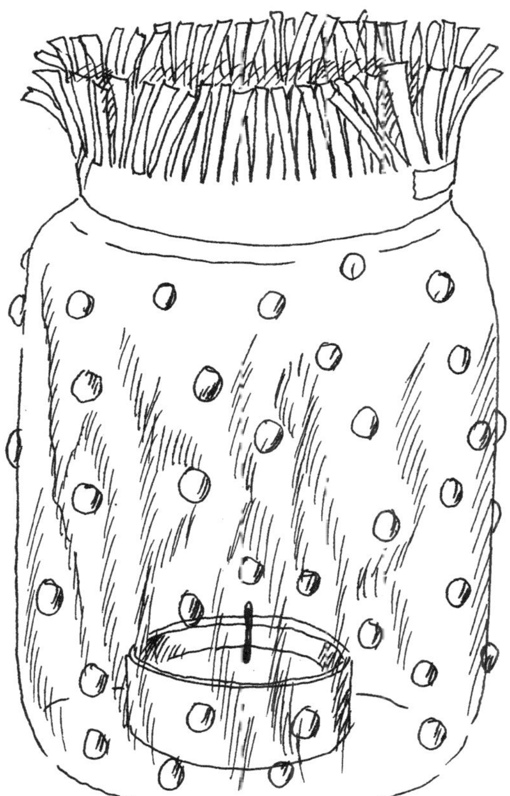

Die Jahreszeitenecke im Winter

Ideen zur Grundgestaltung:

- Tücher in den Winterfarben Weiß, Hellblau und Silber
- Watte
- Tannenzweige
- Zapfen
- Schneeflocken aus Papier
- weiße Verpackungschips aus Styropor

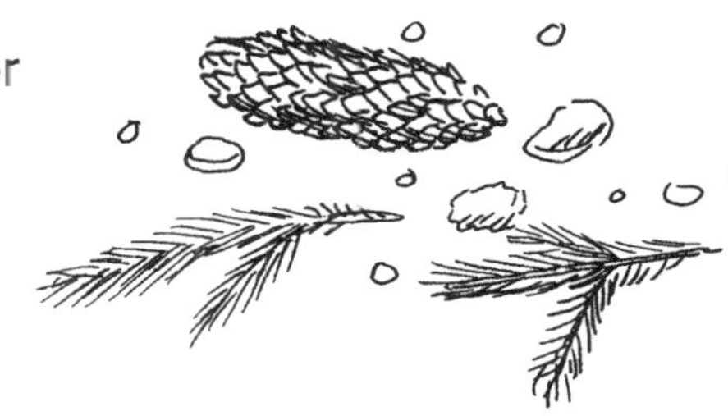

Tipp:

- Falls ihr genügend Platz in der Ecke habt, könnt ihr einen Schlitten aufstellen und Schlittschuhe an die Wand hängen.

Schnee-Eule aus Trinkjoghurtflasche

Material:

- weiße Trinkjoghurtflasche
- Tonpapier in Weiß, Grau und Gelb
- schwarzer Pfeifenputzer
- schwarzer Filzstift
- weiße Federn
- Schere
- Kleber

So wird's gemacht:

- Zeichne mithilfe der Vorlage die Flügel und das Gesicht auf weißes, die Füße auf graues und die Augen auf gelbes Tonpapier. Schneide die Teile anschließend aus.
- Stelle als nächstes die Joghurtflasche auf den Kopf und klebe die Füße von unten an die Flasche.
- Male mit einem schwarzen Filzstift Krallen auf.
- Danach befestigst du mit Kleber die Flügel und den Kopf vorne an der Flasche.
- Forme nun aus Pfeifenputzer einen Schnabel.
- Male in die gelben Augen schwarze Punkte und klebe sie mit dem Schnabel auf das Gesicht der Eule.
- Verziere zum Schluss die Eule mit weißen Federn.

Tipp:

- Die Schnee-Eulen passen gut in die Jahreszeitenecke.

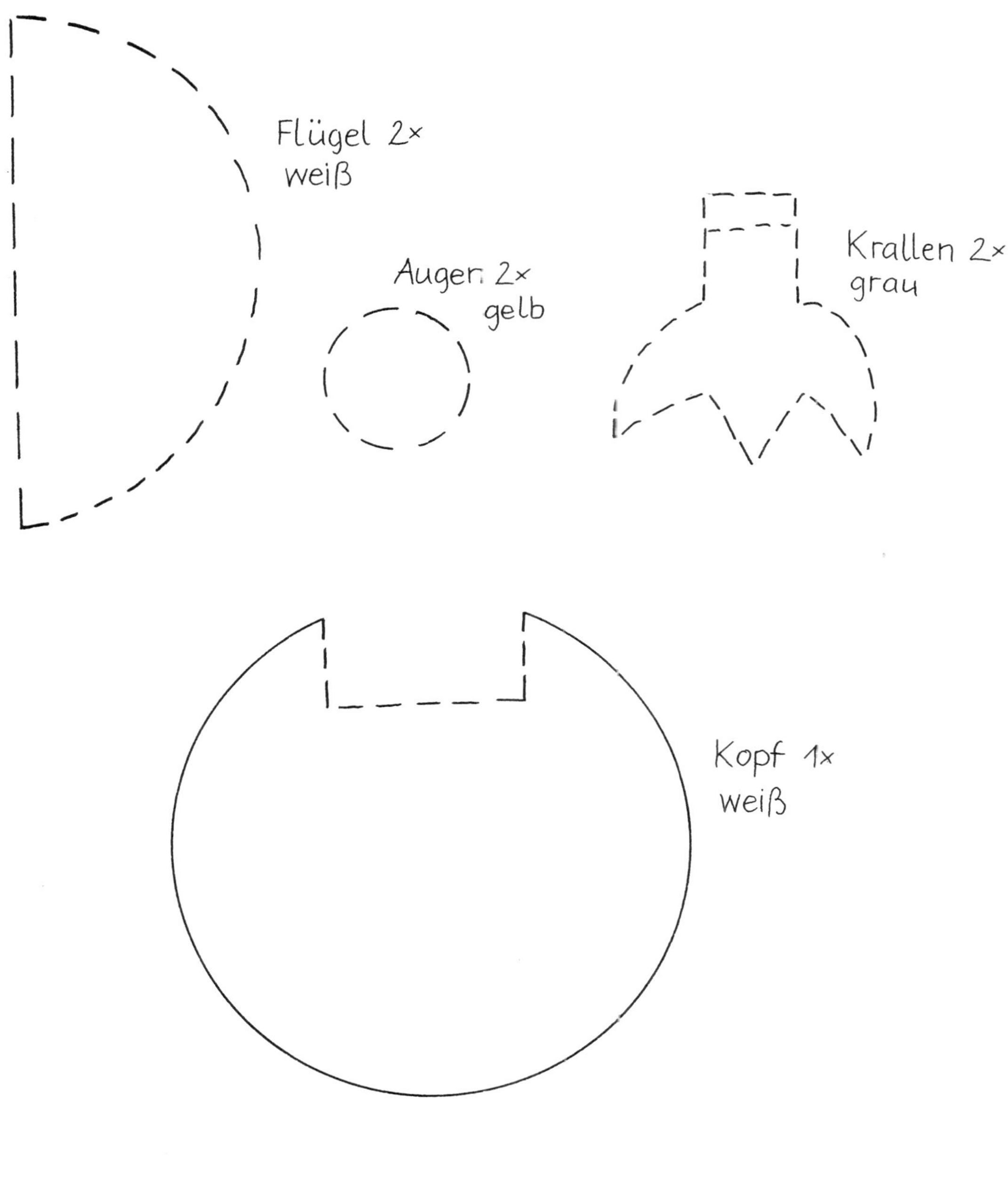
Flügel 2x
weiß
Augen 2x
gelb
Krallen 2x
grau
Kopf 1x
weiß

Schneemann-Gliederpuppe

Material:

- Tonpapier in den Farben Weiß, Rot, Blau, Gelb und Orange
- schwarzer Filzstift
- vier Musterbeutelklammern
- Schere

So wird's gemacht:

- Kopiere die Körperteile für den Schneemann auf weißes Tonpapier.
- Soll dein Schneemann laufen, auf einem Schlitten fahren, auf einem Snowboard stehen, Schlittschuh laufen oder einen Schneeball werfen? Setze die Körperteile so zusammen, dass der Schneemann in Bewegung ist. Befestige die Arme und Beine mit den Musterbeutelklammern.
- Male deinem Schneemann ein Gesicht und Knöpfe auf. Schneide eine Karotten-Nase aus orangefarbigem Tonpapier sowie eine Mütze aus buntem Tonpapier aus und klebe beides fest.
- Statte deinen Schneemann nun mit dem passenden Wintersportgerät (Schlittschuhe, Schlitten, Snowboard ...) aus.

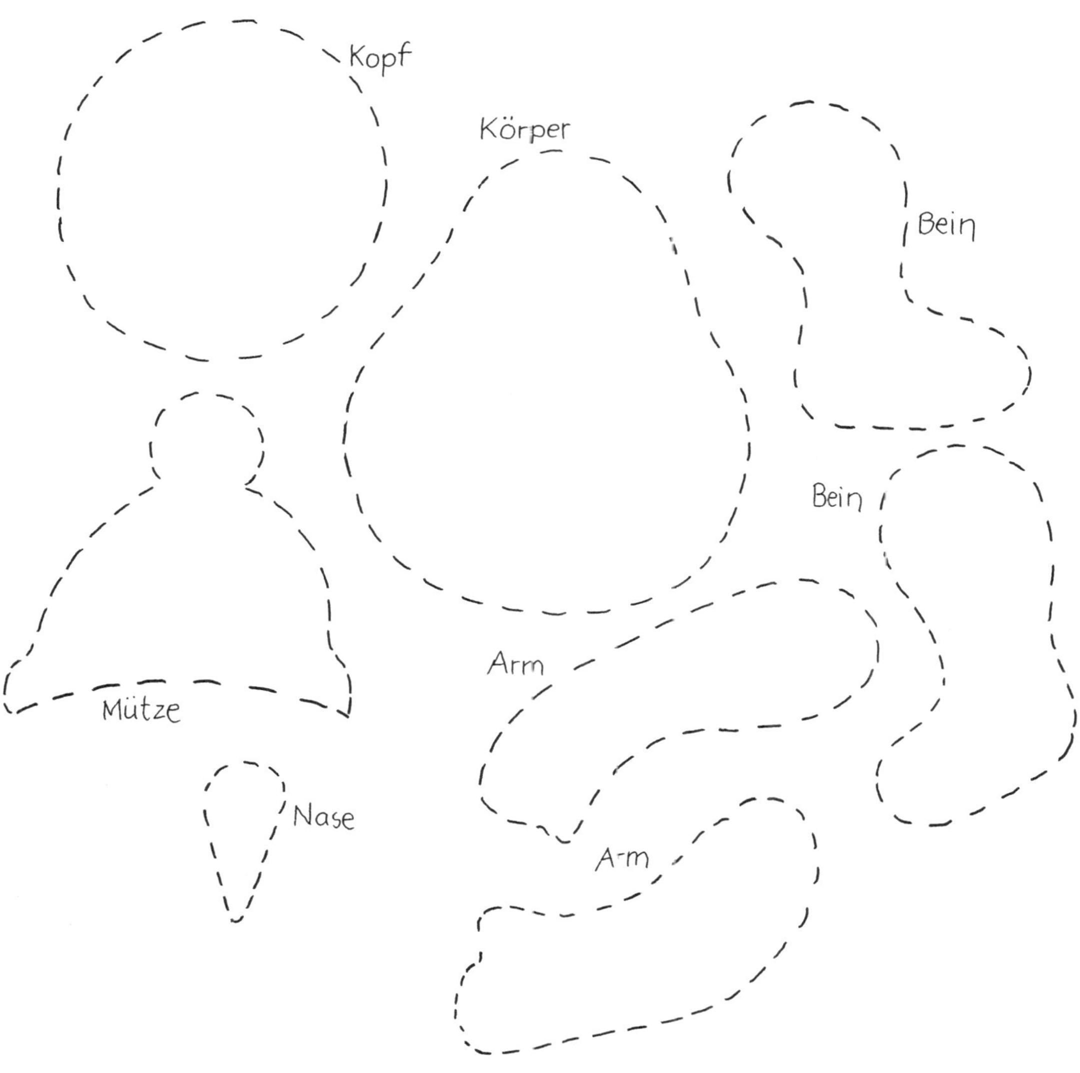

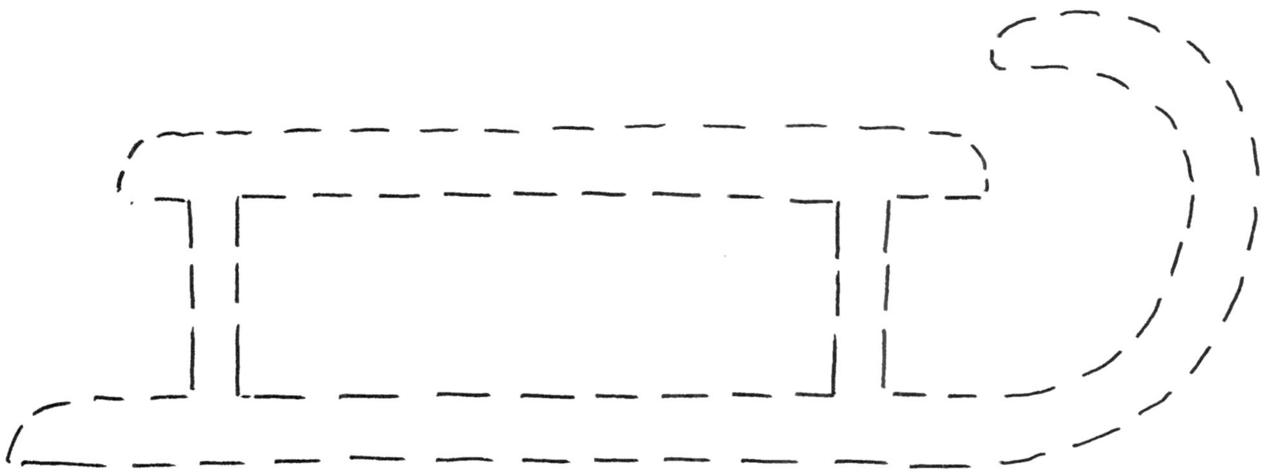

Nikolaustopf

Material:

- Tontopf (ca. 9 cm)
- rote Deckfarbe
- Pinsel
- goldene Sternaufkleber
- goldenes Geschenkband
- roter Fotokarton
- hautfarbenes Tonpapier
- Watte
- Filzstifte
- Kleber
- Schere

So wird's gemacht:

- Zuerst malst du den Blumentopf mit roter Farbe an.
- Schneide dann den Umriss des Nikolaus aus rotem Fotokarton aus.
- Als nächstes schneidest du das Gesicht und die Hände aus hautfarbenem Tonpapier aus und klebst sie auf den roten Umriss.
- Klebe mit Watte Haare, Bart und Ärmel-Enden auf.
- Male dem Nikolaus ein Gesicht mit Filzstiften auf.
- Klebe den Nikolaus von innen an den trockenen Blumentopf.
- Du kannst jetzt den Blumentopf noch mit goldenen Sternaufklebern verzieren. Binde mit goldenem Geschenkband eine Schleife um den Topf.

Tipp:

- Fülle deinen Nikolaustopf mit Zweigen und Leckereien. Wenn du alle Süßigkeiten genascht hast, kannst du den Topf als Behälter für deinen „Krimskrams" benutzen.

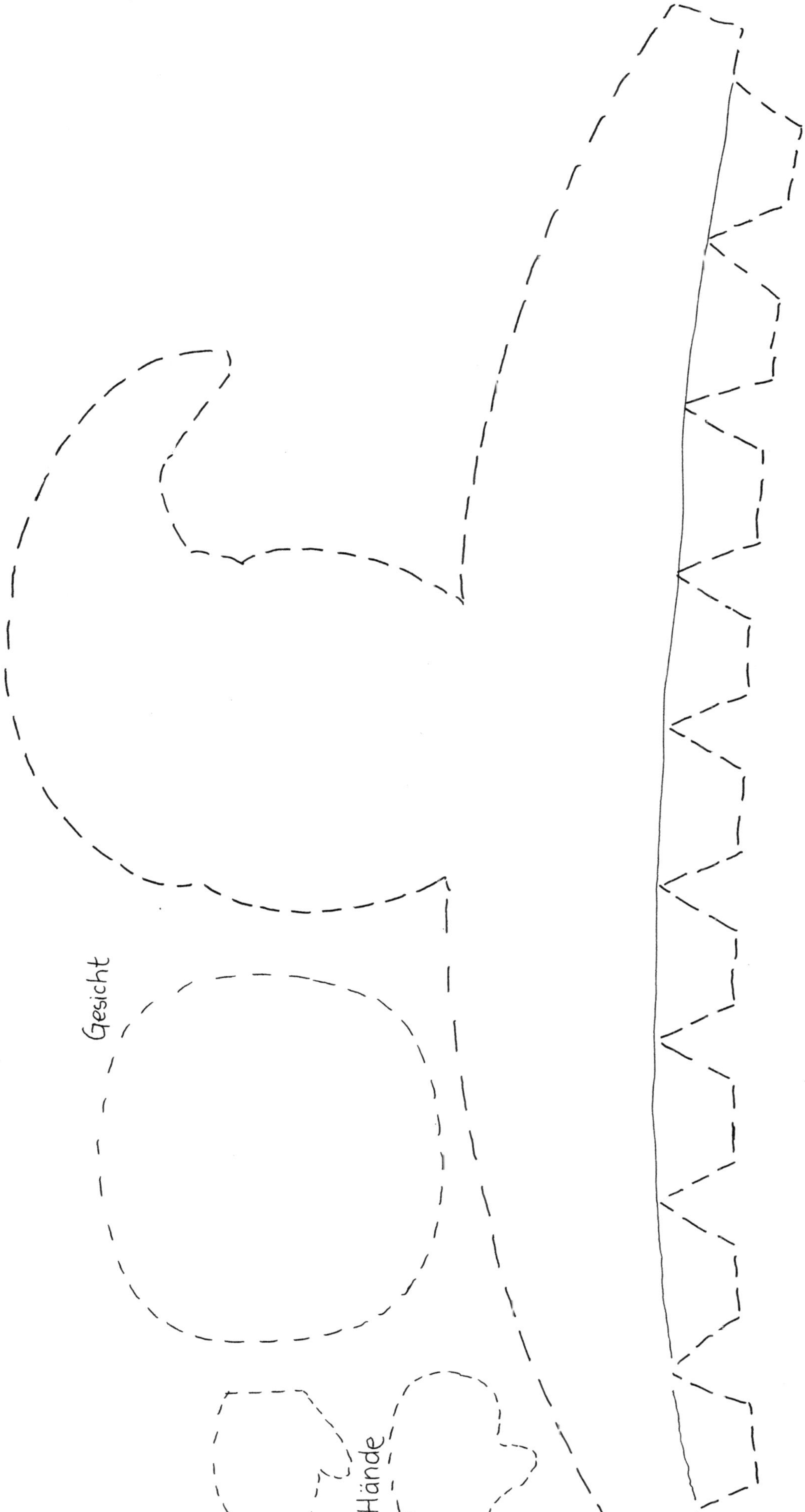
Gesicht
Hände

Hänge-Engel

Material:

- Toilettenpapierrolle
- Styroporkugel (50 mm)
- goldene Wellpappe
- Naturbast
- Tonpapier in deiner Lieblingsfarbe
- hautfarbene Deckfarbe
- Pinsel
- Filzstifte
- zwei Wackelaugen (ca. 12 mm)
- Tüllband
- Schere
- Kleber
- Stecknadel
- Nadel und Faden

So wird's gemacht:

- Male zuerst die Styroporkugel hautfarben an.
- Dann schneidest du die Flügel aus goldener Wellpappe aus.
- Die Papprolle umklebst du mit Tonpapier in deiner Lieblingsfarbe.
- Binde aus Tüllband eine Schleife um die Rolle.
- Klebe dann die Flügel von hinten an.
- Sobald die Farbe auf der Kugel trocken ist, klebst du die Wackelaugen an und malst mit Filzstiften Mund und Nase auf.
- Klebe danach die Kugel auf die Rolle.
- Aus dem Naturbast schneidest du Haare in verschiedenen Längen, bindest sie zusammen und befestigst sie mit einer Stecknadel auf der Kugel.
- Bringe zum Schluss einen Faden am Kopf deines Engels an, damit du ihn aufhängen kannst.

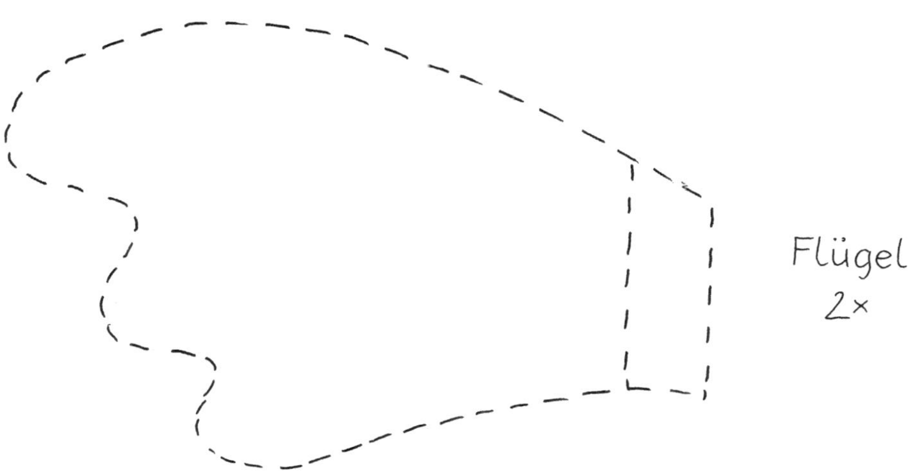

Adventskalender (Kartoffeldruck)

Material:

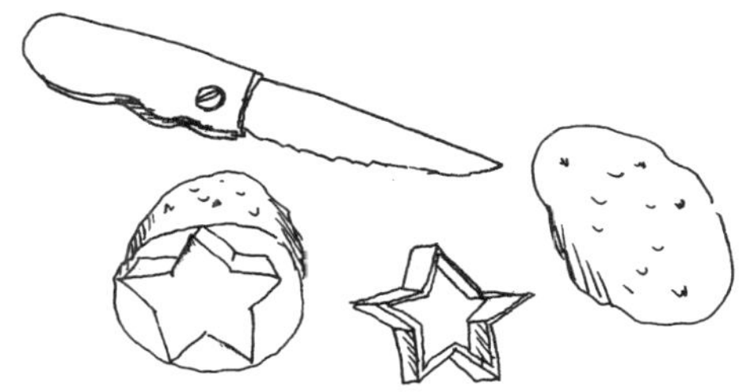

- weißes Zeichenpapier (DIN A4)
- Kartoffeln
- Plätzchenformen, Messer
- Wasserfarben
- goldener Filzstift
- Klebefilm, Kordel

So wird's gemacht:

- Halbiere die Kartoffel, drücke eine Plätzchenform in die Schnittfläche, ziehe sie wieder heraus und schneide den Teil weg, der übersteht. Nun hast du deinen Stempel. Du kannst auch mehrere verschiedene Stempel erstellen.
- Bedrucke das Zeichenpapier in unterschiedlichen Farben und lass es trocknen.
- Falte das Papier einmal quer, schlage die Seiten ein und befestige sie mit Klebefilm.
- Fülle die Tüte mit einem kleinen Geschenk oder einer Süßigkeit.
- Ziehe eine Kordel durch die Tüte.

Tipp:

- Schreibt mit Goldstift die Zahlen 1–24 auf die Tüten. Spannt dann eine Schnur quer durch das Klassenzimmer und hängt die Tüten daran auf. Jeden Tag darf ein Kind eine Tüte herunternehmen. Je weniger Tüten an der Leine hängen, desto näher rückt Weihnachten.

Geschenkpapier, Weihnachtskarten, Geschenkanhänger

Material:

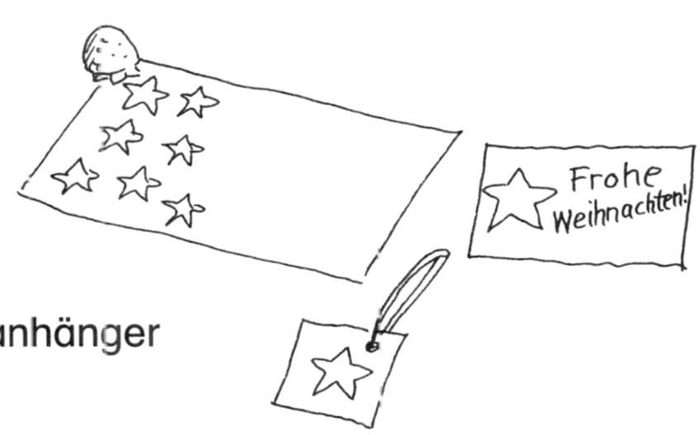

- Kartoffelstempel (siehe oben)
- Wasserfarben
- große Bögen Packpapier
- Briefkarten
- klein geschnittenes Tonpapier für die Geschenkanhänger

So wird's gemacht:

- Vom Basteln des Adventskalenders habt ihr jede Menge Kartoffelstempel übrig. Ihr könnt sie auch untereinander tauschen.
- Stempelt die Weihnachtsmotive auf Packpapier, dann bekommt ihr schönes Geschenkpapier.
- Die bedruckten Briefkarten könnt ihr zu Weihnachten verschicken.
- Auch Geschenkanhänger könnt ihr selber bedrucken.

Tipp:

- Veranstaltet in eurer Schule einen Weihnachtsbasar. Da könnt ihr euer Verpackungsmaterial verkaufen.

Winterlicht

Material:

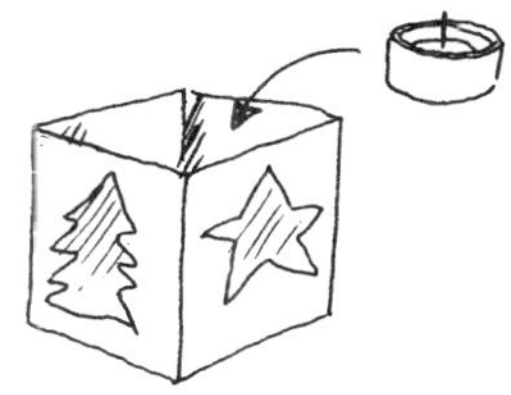

- weißes Tonpapier
  (DIN A3; ausreichend für zwei Kinder)
- hellblaues Transparentpapier
- Schere
- Bleistift
- Klebefilm, Kleber
- Teelicht

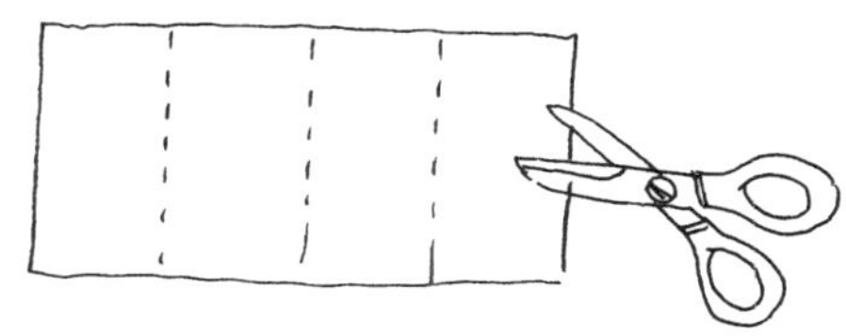

So wird's gemacht:

- Halbiere das Tonpapier der Länge nach. Behalte eine Hälfte und gib die zweite an ein anderes Kind ab.
- Falte dein Papier nun zweimal, so wie du es in der Skizze siehst.
- Zeichne mit Bleistift winterliche Motive (z. B. einen Tannenbaum, einen Stern, ein Reh, ...) auf das Tonpapier und schneide sie aus.
- Klebe von hinten das hellblaue Transparentpapier an.
- Falte das Papier zu einer Laterne zusammen und fixiere es mit Klebefilm.
- Stelle das Teelicht in deine Laterne und zünde es an.

Tipp:

- Stellt eure Winterlichter auf das Fensterbrett und zündet sie morgens an, wenn es draußen noch dunkel ist. Achtung: Lasst die Teelichter niemals unbeaufsichtigt brennen!

Verschneite Tannen

Material:

- grünes Tonpapier
- weißes Transparentpapier
- Schere, Kleber

So wird's gemacht:

- Kopiere die Tanne auf grünes Tonpapier und schneide sie aus.
- Klebe das weiße Transparentpapier dahinter.

Tipp:

- Hängt die Tannen ans Fenster. Wenn das Licht hindurch fällt, sieht es aus, als ob Schnee darauf liegen würde.

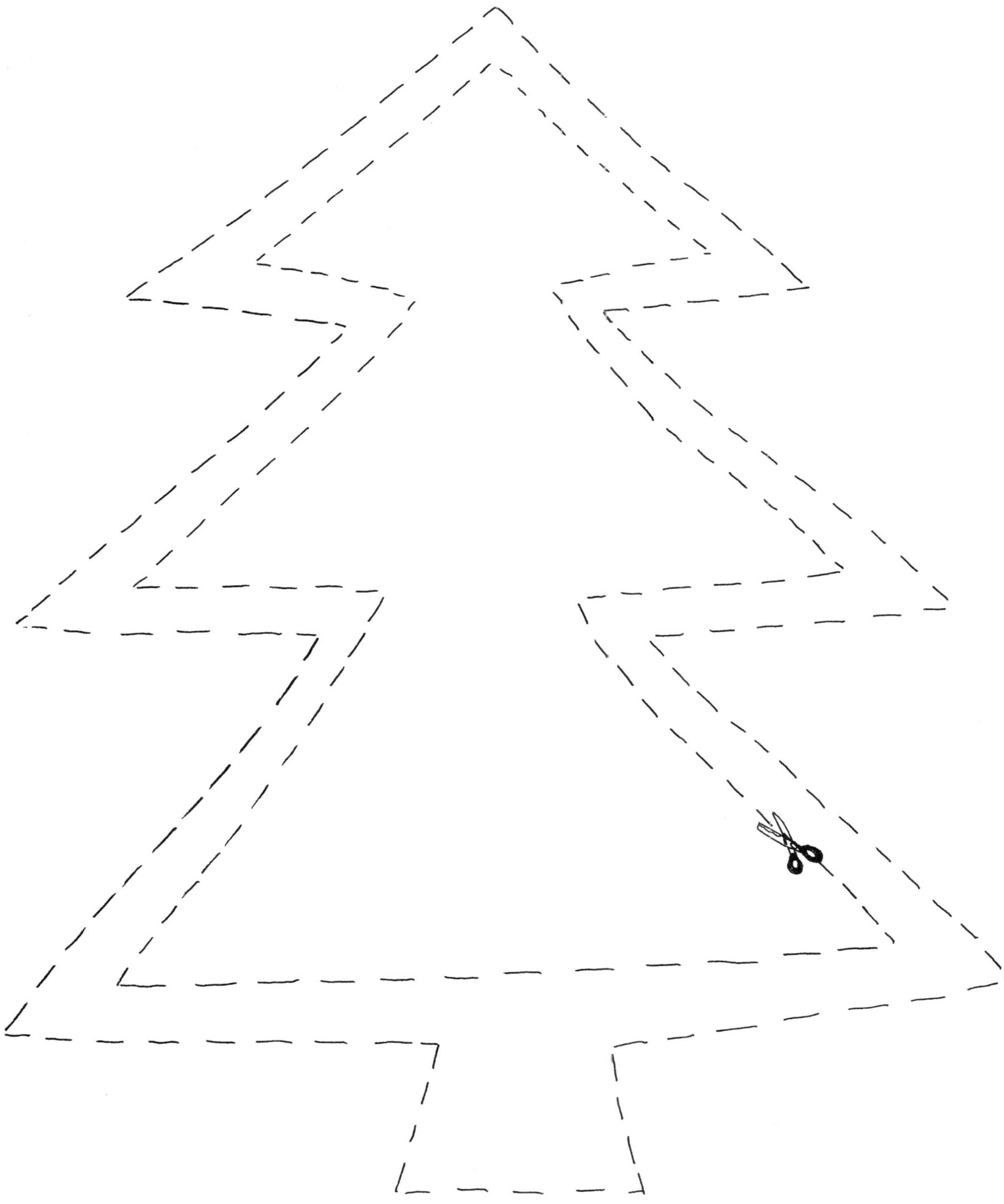

Knusperhaus

Material:

- Zwieback
- Butterkekse
- Dominosteine
- Zuckerguss (ausreichend für 10 Kinder) aus 1 kg Puderzucker und ca. 7 steif geschlagenen Eiweiß
- Rührgerät
- Schüssel
- Sieb
- bunte Süßigkeiten zum Verzieren

So wird's gemacht:

- Zuerst stellst du den Zuckerguss her. Dazu schlägst du mit dem Rührgerät ungefähr sieben Eiweiß steif. Siebe anschließend den Puderzucker unter.
- Der Zwieback ist deine Unterlage für das Knusperhaus. Lege ihn so vor dich hin, dass die Rundung nach vorne zeigt (z. B. als Vorgarten).
- Klebe dann mit Zuckerguss etwas weiter hinten zwei Dominosteine nebeneinander auf den Zwieback. Setze den dritten Dominostein mittig auf die beiden anderen.
- Jetzt brauchst du zwei Butterkekse als Dach. Klebe sie schräg an die Dominosteine.
- Nun kannst du dein Knusperhaus nach Belieben verzieren. Vielleicht möchtest du noch zwei Gummibärchen als Hänsel und Gretel vor das Haus setzen?

Tipps:

- Wenn du das Haus in einem durchsichtigen Tütchen verpackst, hast du ein tolles Weihnachtsgeschenk!
- Zum Knusperhaus passt natürlich das Märchen von Hänsel und Gretel. Könnt ihr es nachspielen?

Zauberbaum

Material:

- brauner Fotokarton
- weißes Papier
- Schere
- Kleber
- schwarzer Filzstift
- Moos
- weiße Essmäuse, rote Zuckerschnüre

So wird's gemacht:

- Kopiere den Baum zweimal und das Verbindungsstück einmal auf braunen Fotokarton.
- Schneide alles aus und klebe das Verbindungsstück zusammen.
- Nimm ein Baumteil und schneide das Loch im Stamm aus. Das wird die Vorderseite deines Zauberbaumes.
- Schneide aus weißem Papier Augen aus und klebe sie auf der Vorderseite fest.
- Male mit schwarzem Filzstift das Gesicht (Pupillen, Augenbrauen, Nase) auf.
- Falte nun das Verbindungsstück an den gestrichelten Linien und klebe es zu einem Würfel zusammen.
- Klebe anschließend jeweils vorne und hinten ein Baumteil an den Falzteilen des Verbindungsstückes fest.
- Fülle deinen Zauberbaum zum Schluss mit Moos, weißen Mäusen und „Bluuuuut" (rote Zuckerschnüre).

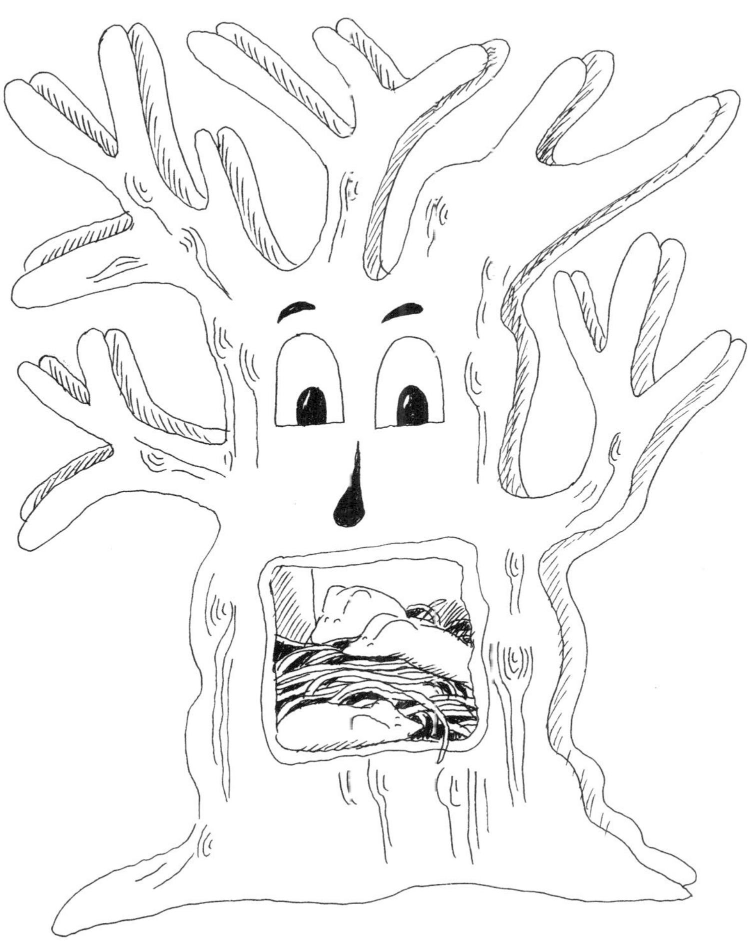

Verbindungsteil Zauberbaum

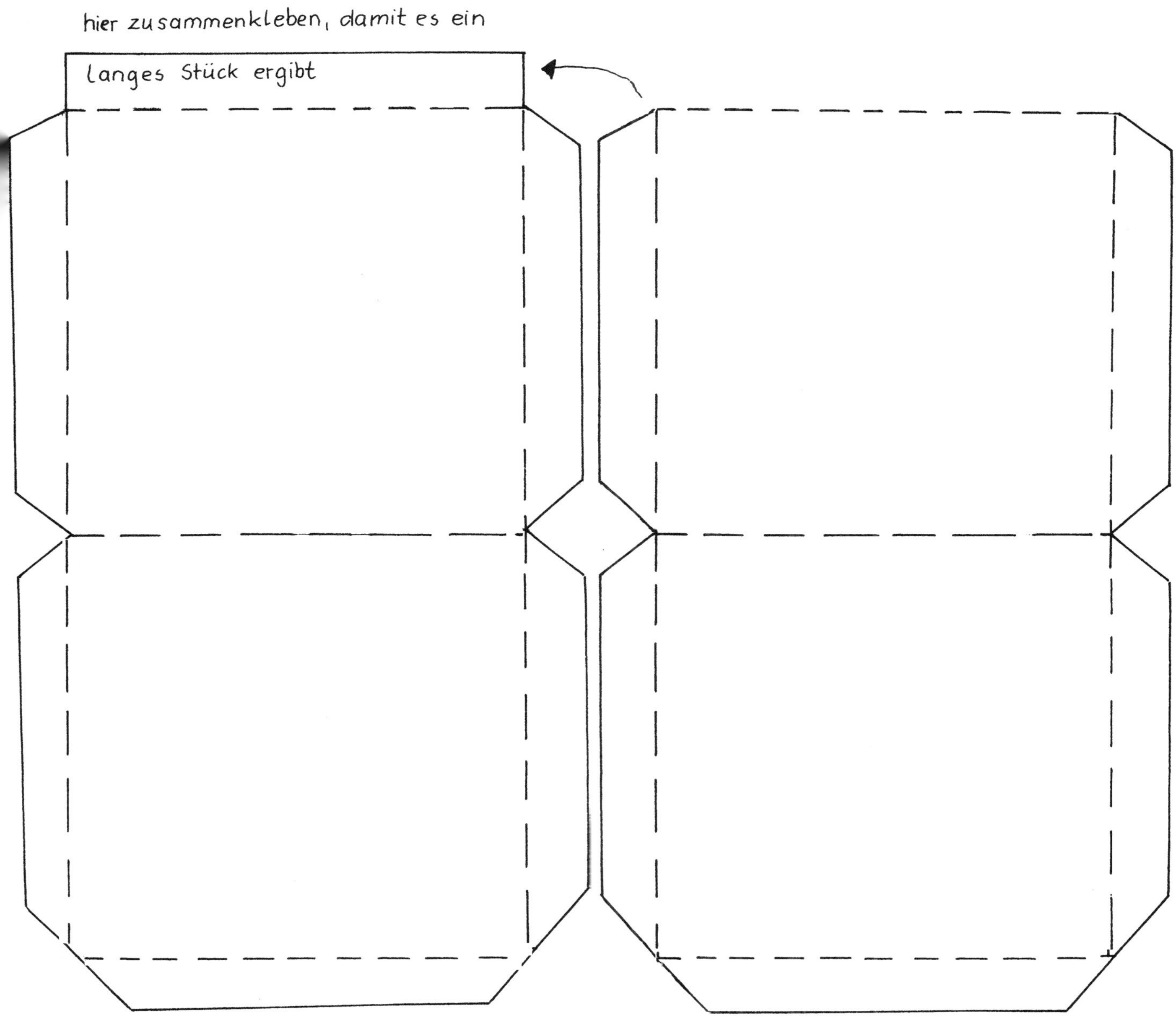

Hexe auf dem Pinsel

Material:

- Tonpapier in den Farben Schwarz, Dunkelblau oder Dunkelrot und Rosa
- rote Wolle für die Haare
- ein alter Haarpinsel
- Schere
- Kleber

So wird's gemacht:

- Übertrage die Vorlage vom Hexenmantel auf dunkelblaues oder dunkelrotes Tonpapier.
- Den Kopf und die Hand überträgst du auf rosa Tonpapier, Hut und Stiefel auf schwarzes Tonpapier.
- Schneide alles aus.
- Nimm ein paar rote Wollfäden und klebe sie von hinten an den Hut. Binde die Haare vorsichtig zu einem Pferdeschwanz.
- Jetzt kannst du die Hexe zusammensetzen: Klebe den Kopf von hinten auf den Mantel und den Hut oben drauf. Befestige dann die Hand und den Stiefel am Mantel und setze die Hexe auf den Pinsel-Besen.

Tipp:

- Lasst eure Hexen zusammen an einer Schnur durchs Klassenzimmer fliegen.

Schwarze Katze

Material:

- ein kleiner Tontopf (ca. 7 cm Durchmesser)
- schwarze Bastelfarbe
- Pinsel
- schwarzes Tonpapier
- weißes Papier fürs Katzengesicht
- heller Bast für die Schnurrhaare
- Flüssigkleber
- Schere

So wird's gemacht:

- Male den Tontopf schwarz an.
- Übertrage Kopf, Arme, Beine und Schwanz mithilfe der Vorlage auf schwarzes Tonpapier. Schneide alles aus und klebe die Teile an den Tontopf.
- Kopiere das Katzengesicht auf weißes Papier, schneide es aus und klebe es auf den Katzenkopf. Natürlich kannst du auch selbst ein Gesicht aufmalen.
- Klebe zum Schluss den Bast als Schnurrhaare auf.

Tipp:

- Stellt die Katzen in die Jahreszeitenecke.

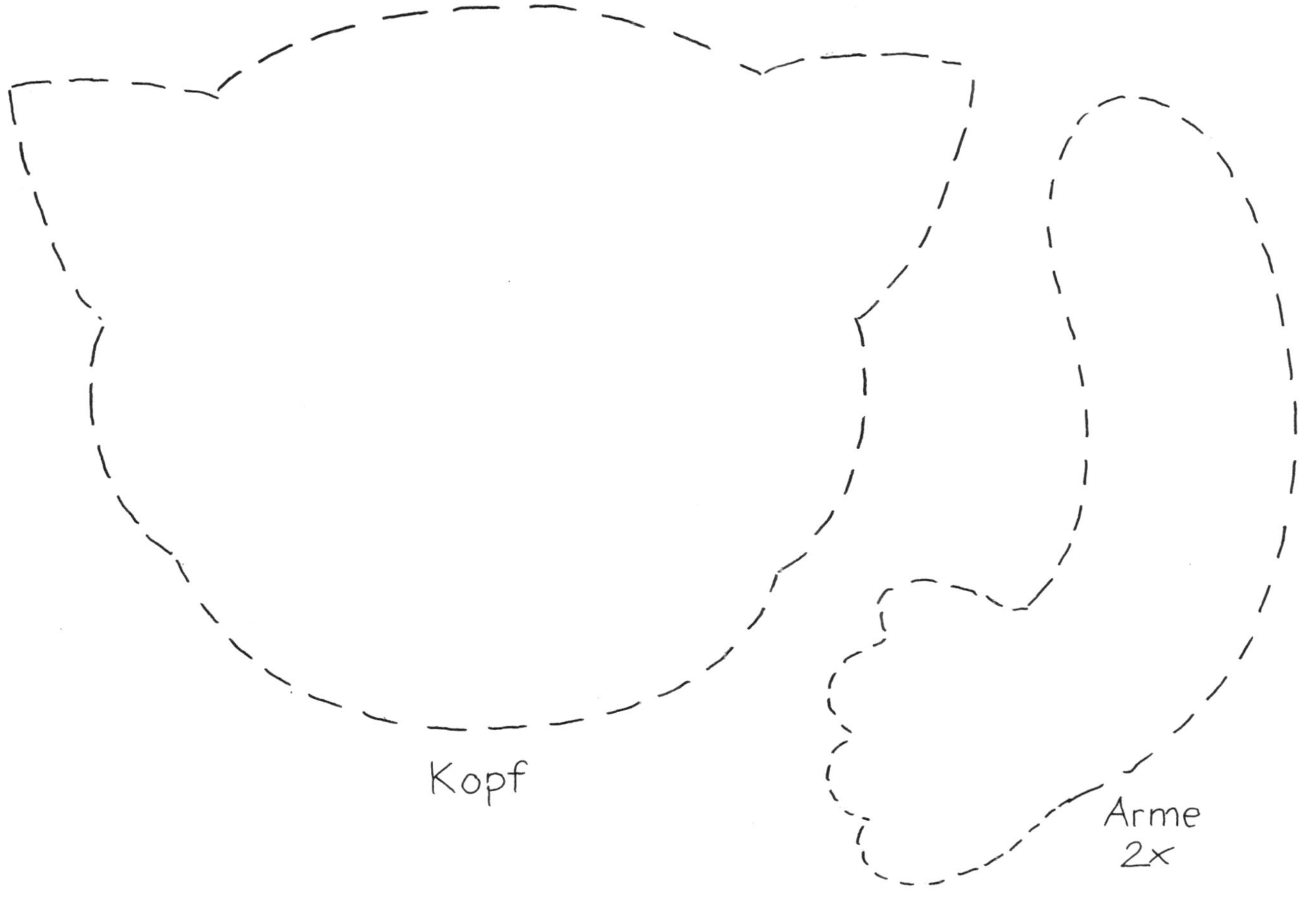

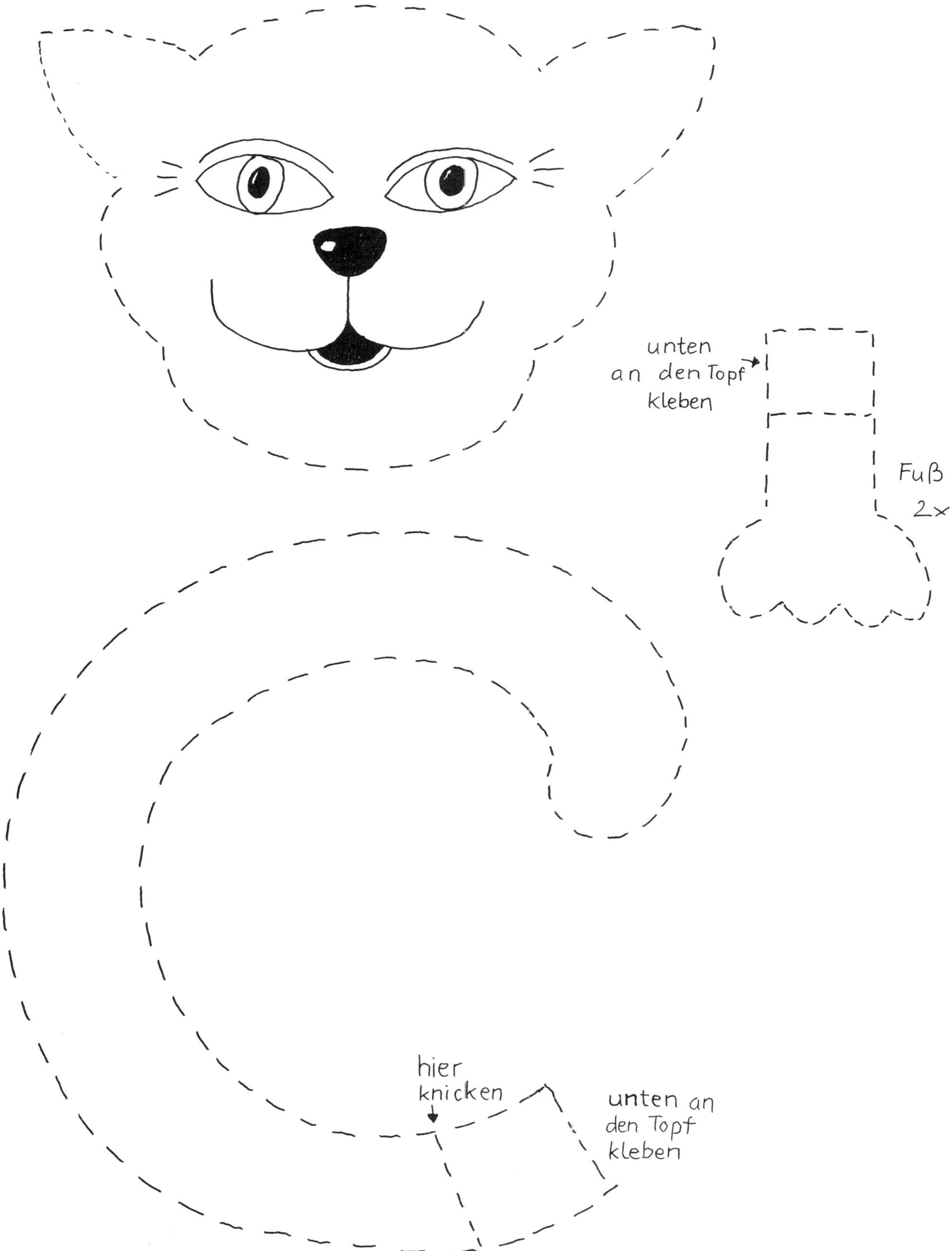
unten
an den Topf
kleben
Fuß
2x
hier
knicken
unten an
den Topf
kleben

Frösche

Material:

- zwei Kronkorken
- grüne Bastelfarbe
- Pinsel
- roter Filz
- zwei Wackelaugen
- etwas Knete
- Flüssigkleber

So wird's gemacht:

- Male die Kronkorken grün an.
- Klebe sie mit etwas Knete zusammen, sodass vorne ein großes Froschmaul entsteht.
- Schneide aus Filz eine Zunge für deinen Frosch aus. Als Vorlage für die Zunge kannst du die Schablone verwenden.
- Klebe die Zunge in das Maul deines Frosches.
- Befestige zwei Wackelaugen mit Flüssigkleber über dem Froschmaul.

Tipp:

- Das geht so schnell und einfach, dass ihr sicher gleich mehrere Frösche basteln wollt. Die könnt ihr anschließend im Klassenzimmer verteilen. Überall lugt dann ein Frosch hervor ...

Vampir

Material:

- Tonpapier in den Farben Schwarz und Weiß
- lila Transparentpapier (18 x 18 cm)

So wird's gemacht:

- Schneide die Vorlagen für den Anzug, den Mantel und die Haare aus.
- Übertrage Anzug und Haare auf schwarzes Tonpapier und schneide alles aus.
- Kopiere das Gesicht und die Hände auf weißes Papier. Du kannst dem Vampir noch ein paar Blutstropfen in den Mundwinkel malen, damit er schön gruselig aussieht.
- Klebe den Kopf und die Hände von hinten an den Anzug und die Haare von vorne auf den Kopf.
- Nimm nun das Transparentpapier. Falte die vier Ecken in die Mitte (Abb. 1). Drehe das Papier um und falte nun zwei gegenüberliegende Kanten zur Mitte (Abb. 2). Drehe das Papier erneut um. Falte zum Schluss den Kragen, so wie du es in Abbildung 3 siehst.
- Klebe nun den Mantel von hinten an den Vampir.

Abb. 1
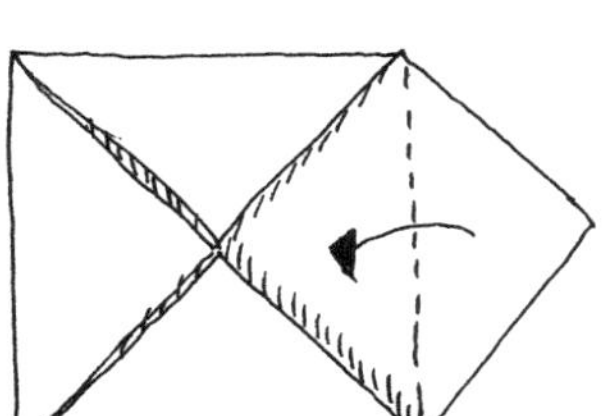

Abb. 2
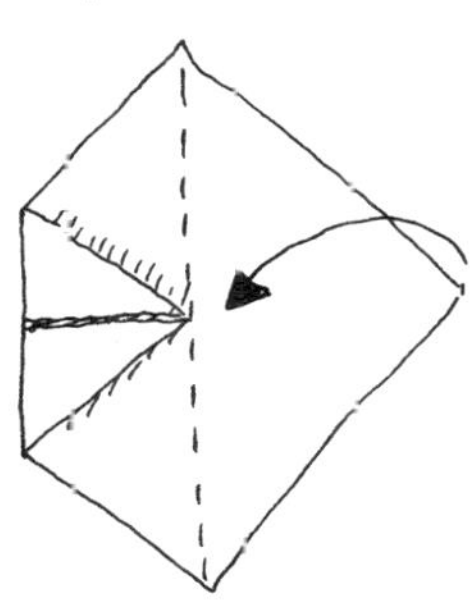

Abb. 3

Zunge für den Frosch

Gespensterlicht

Material:

- weißer Fotokarton
- weißes Transparentpapier
- schwarzer Filzstift
- Gold- oder Silberstift
- Kleber
- Schere
- Teelicht

So wird's gemacht:

- Kopiere die Gespenstervorlage auf weißen Fotokarton.
- Schneide erst die Vorlage aus. Denk dabei auch an den Innenteil der Gespenster.
- Hinterklebe die Gespenster mit weißem Transparentpapier.
- Male deinen Gespenstern jeweils ein gruseliges Gesicht mit schwarzem Filzstift und eine Kette mit Gold- oder Silberstift auf.
- Jetzt brauchst du die Vorlage nur noch zu einer Laterne zu falten und an den Verbindungsteilen zusammenzukleben.
- Stelle zum Schluss ein Teelicht hinein.

Achtung: Lass dein Gespensterlicht nie unbeaufsichtigt, solange die Kerze brennt!

Girlanden

Material:

- Tonpapier in Weiß (Gespenst), Grau (Fledermaus), Lila (Zauberhut) und Schwarz (Katze)
- Schere
- Filzstifte
- weißer Lackstift

So wird's gemacht:

- Nimm lange Tonpapierstreifen, die in Farbe und Höhe deinem Motiv entsprechen. Falte die Streifen wie eine Ziehharmonika. Achtung: Jede Lage muss so breit sein, dass dein Motiv darauf passt.
- Übertrage mithilfe der Vorlage dein Motiv auf die oberste Lage.
- Schneide die Form so aus, dass links und rechts jeweils ein Verbindungsstück bleibt.
- Anschließend blätterst du deine Girlande auf und verzierst sie mit Filzstiften. Für die schwarze Katze kannst du den weißen Lackstift verwenden.
- Zum Schluss hängst du die Girlanden als Dekoration für euer Faschingsfest auf.

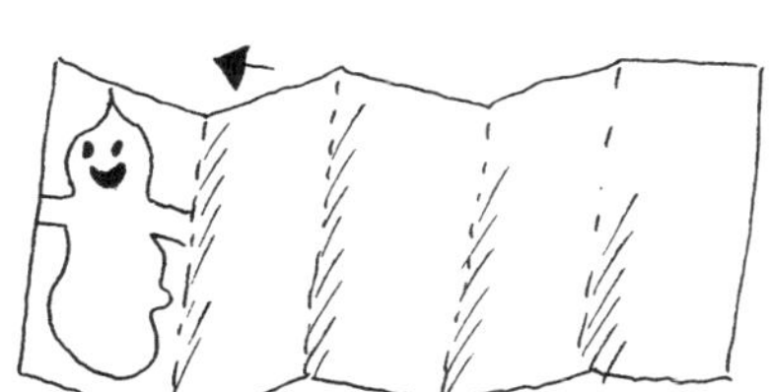

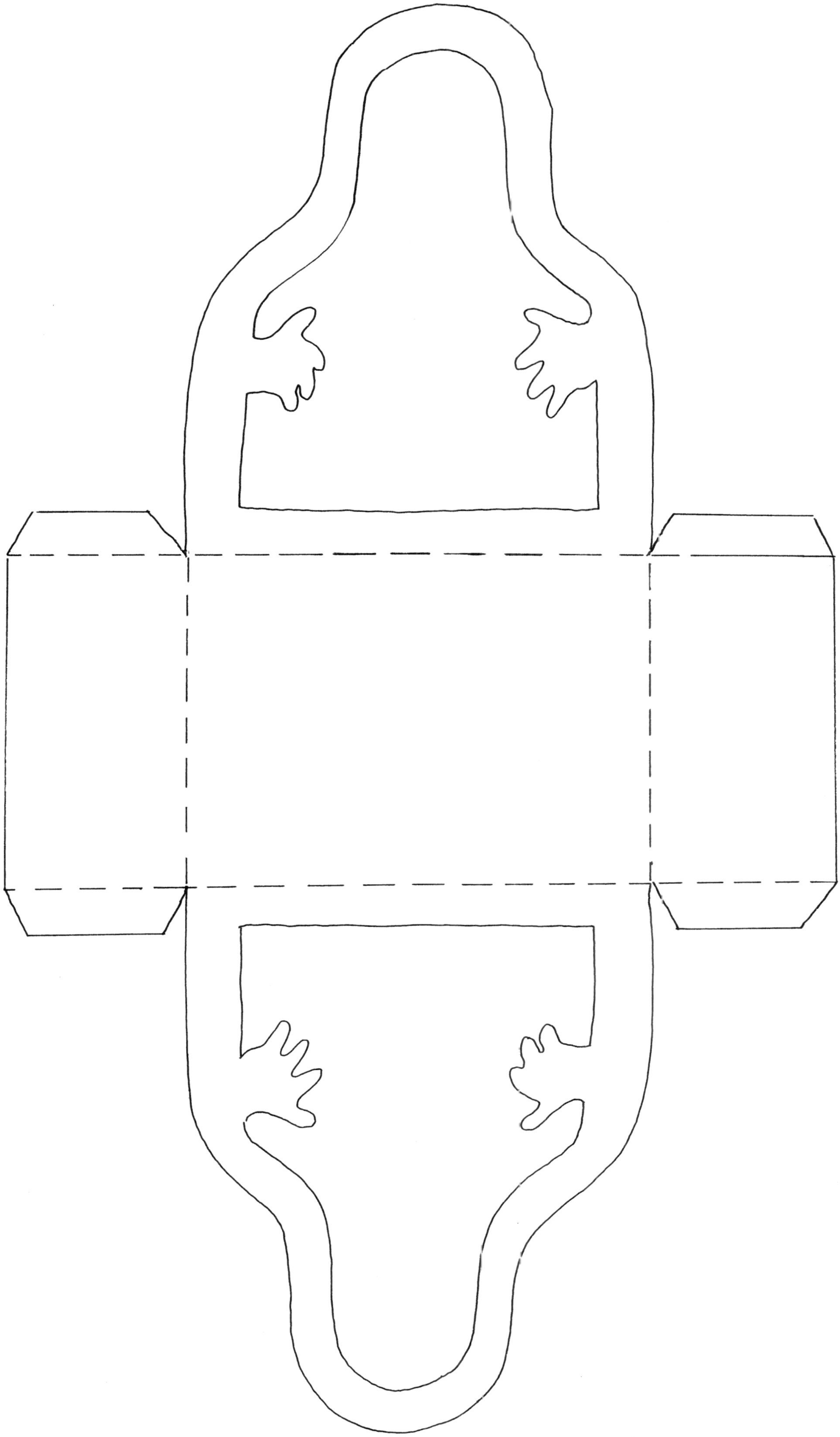

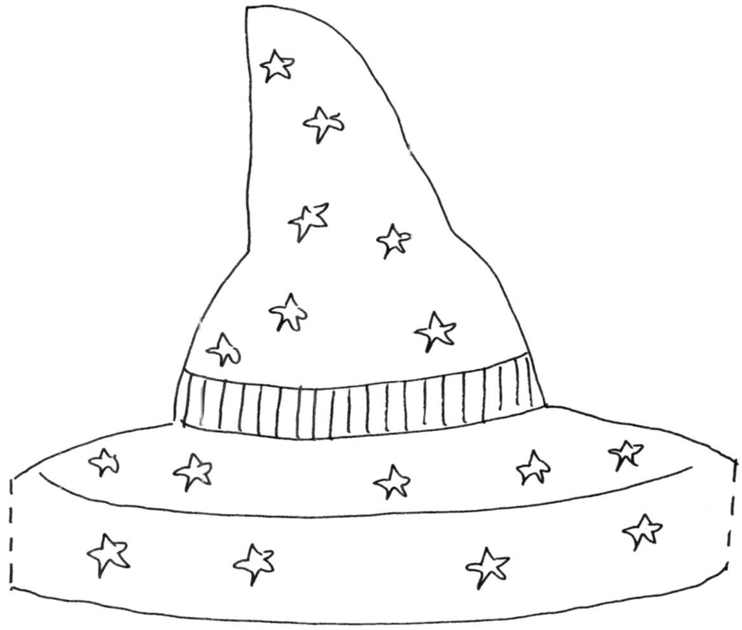

Zauberstab

Material:

- Holz- oder Plastikstab
- Moosgummi in Schwarz
- Glitzerstift
- Pailletten
- Kleber
- Geschenkband
- Schere

So wird's gemacht:

- Übertrage den Stern zweimal auf Moosgummi.
- Schneide beide Sterne aus.
- Verziere beide Sterne mit Glitzerstift und klebe Pailletten auf.
- Trage Klebstoff auf die beiden Sterninnenseiten auf. Lass die Mitte aus, damit du anschließend den Stab dazwischenstecken kannst.
- Befestige das Geschenkband am Stab und kringele es mit einer Schere.
- „Abrakadabra ..." – Kennst du einen Zauberspruch?

Die Jahreszeitenecke im Frühling

Ideen zur Grundgestaltung:

- Tücher in den Frühlingsfarben Gelb, Hellgrün, Rosa, Orange
- Blumentöpfchen mit Tulpen, Primeln, Narzissen
- kleine Streublüten: Schneide dafür mithilfe der Vorlage Blüten aus rosa Tonpapier.
  Forme anschließend eine Kugel aus weißem Seidenpapier und klebe sie in die Mitte der Blüte.

Watteschäfchen

Material:

- Tontopf (ca. 4 cm Durchmesser)
- weiße Watte
- Fotokarton in Weiß und Rosa
- schwarzer Filzstift
- roter Buntstift
- Kleber
- Schere

So wird's gemacht:

- Schneide zuerst das Gesicht aus weißem, die Ohren aus rosa Fotokarton aus.
- Male dann mit schwarzem Filzstift das Gesicht, mit rotem Buntstift die Wangen auf.
- Danach klebst du die Ohren von hinten an das Gesicht.
- Beklebe nun den Tontopf mit Watte. Du kannst zusätzlich auch etwas Watte in das Gesicht kleben.
- Zum Schluss befestigst du den Kopf mit Klebstoff am Tontopf.

Tipp:

- Du kannst dein Schäfchen zusammen mit den anderen in die Jahreszeitenecke zwischen die rosa Blüten stellen.

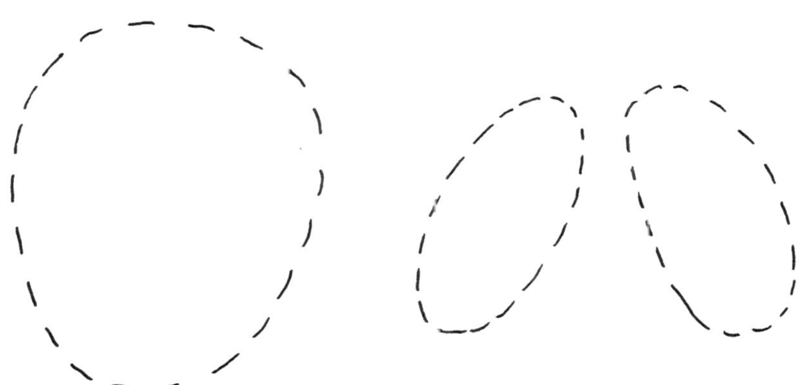

Narzissen

Material:

- Tonpapier in Gelb, Orange und Grün
- grünes Transparentpapier
- Schere
- Kleber

So wird's gemacht:

- Schneide für jede Narzisse zwei gelbe Blütenblätter und einen Blütenkelch in Orange aus.
- Klebe die Blütenblätter fächerförmig aneinander und den Blütenkelch von hinten dagegen.
- Kopiere den Stängel auf grünes Tonpapier. Schneide nun den Innenteil der Blätter aus und hinterklebe sie mit grünem Transparentpapier.

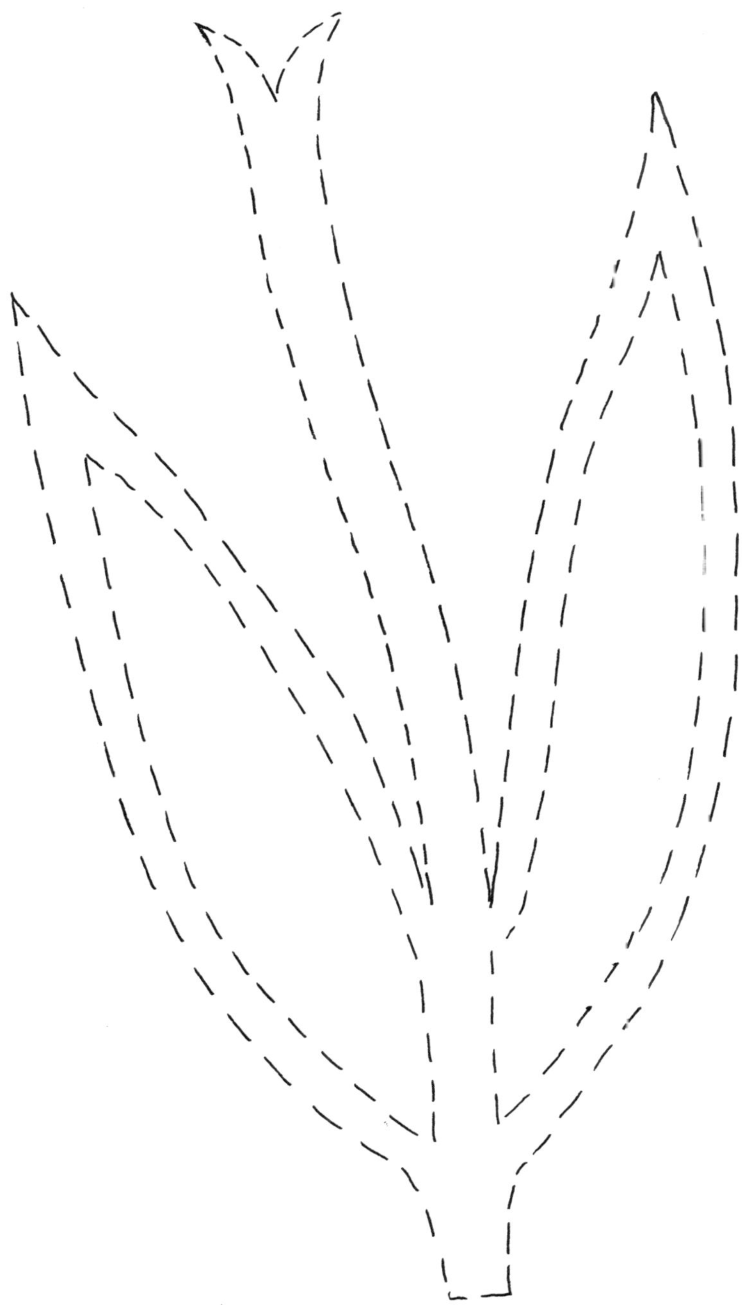

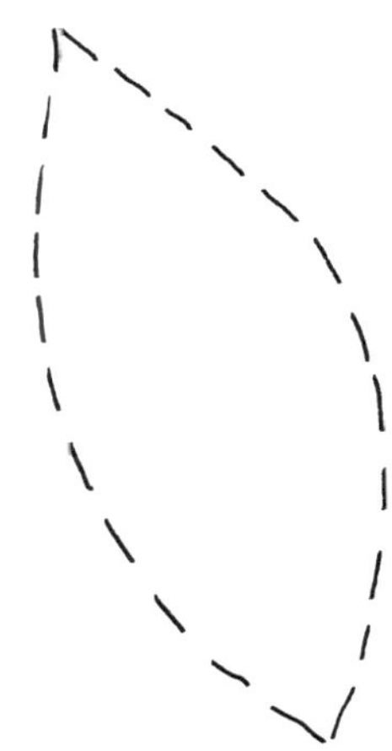

2×

Kochlöffelhasen

Material:

- ein Holz-Kochlöffel
- weißer Tonkarton
- zwei Wackelaugen
- weiße, braune und rosa Deckfarbe
- schwarzer Filzstift
- Flüssigkleber

So wird's gemacht:

- Male den Kochlöffel-Kopf je nach Belieben mit Deckfarbe weiß oder braun an.
- Klebe die Wackelaugen auf die flache Seite des Löffels. Male dann mit Deckfarbe eine rosa Nase dazu und den Mund mit Filzstift. Wenn du möchtest, kannst du deinem Hasen noch zwei Zähne aus weißem Tonpapier aufkleben.
- Übertrage die Ohren mithilfe der Vorlage auf weißes Tonpapier und schneide sie aus. Grundiere sie in der Farbe deines Kochlöffels. Anschließend färbst du die Ohren innen rosa.
- Klebe die Ohren von hinten mit Flüssigkleber an den Kochlöffel.

Hühner zum Aufhängen

Material:

- weißer Tonkarton
- Zeitungspapier
- roter und gelber Filzstift
- Bast
- Flüssigkleber
- Nadel und Faden
- Schere

So wird's gemacht:

- Kopiere vier Hühner auf Tonkarton und schneide sie aus.
- Schneide für jedes Huhn zwei Flügel aus dem Zeitungspapier und klebe sie vorne und hinten auf.
- Male den Kamm rot aus und den Schnabel gelb. Vergiss die Rückseite nicht!
- Binde aus dem Bast vier Schleifen und klebe sie wie ein Nest mit Flüssigkleber unter jedes Huhn.
- Zum Schluss fädelst du die vier Hühner mit der Nadel untereinander auf.

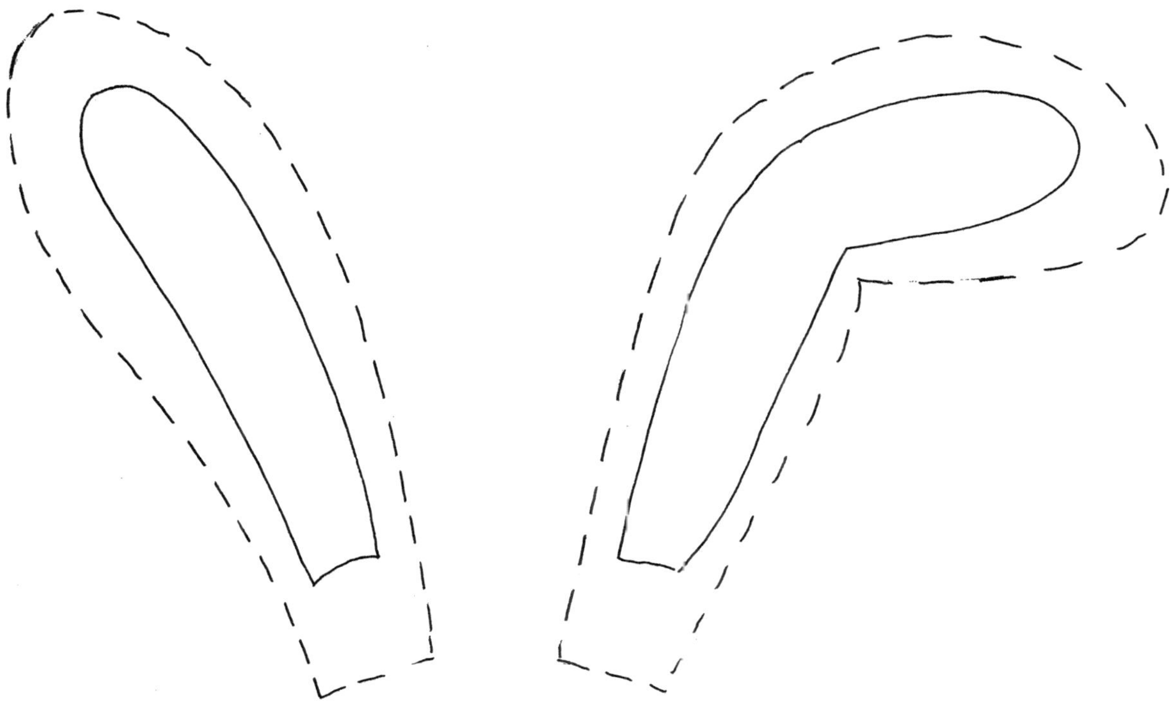

Wachsmaleier

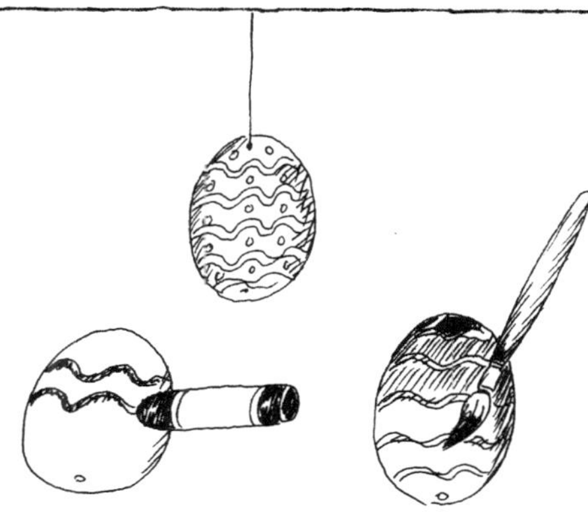

Material:

- weiße Eier (gekocht oder ausgeblasen)
- wasserfeste Wachsmalkreiden
- Wasserfarben
- Streichholz und Faden

So wird's gemacht:

- Male mit den Wachsmalkreiden vorsichtig ein Muster auf die Eier.
- Färbe die Eier anschließend mit Wasserfarben und lasse sie trocknen.
- Die ausgeblasenen Eier kannst du mit einem abgebrochenen Streichholz und einem Faden an einen Zweig hängen.

Schmetterlinge

Material:

- Transparentpapier in zwei Farben
- braunes Tonpapier

So wird's gemacht:

- Schneide zwei verschiedenfarbige Quadrate (15 x 15 cm) aus Transparentpapier, falte sie diagonal und schneide sie durch (Abb. 1). Nun hast du vier Dreiecke.
- Falte jeweils die gegenüberliegenden Ecken der Dreiecke zur Spitze (Abb. 2).
- Drehe das Transparentpapier um und knicke die beiden Faltkanten zur Mitte, sodass ein Dreieck nach vorne klappt (Abb. 3).
- Das Gleiche machst du mit den drei übrigen Transparentpapier-Dreiecken.
- Klebe je zwei verschiedenfarbige Flügelteile an den drachenförmigen Stellen zusammen (Abb. 4). Nun hast du zwei Flügel.
- Schneide den Schmetterlingskörper aus braunem Tonpapier aus und klebe die Flügel daran fest.

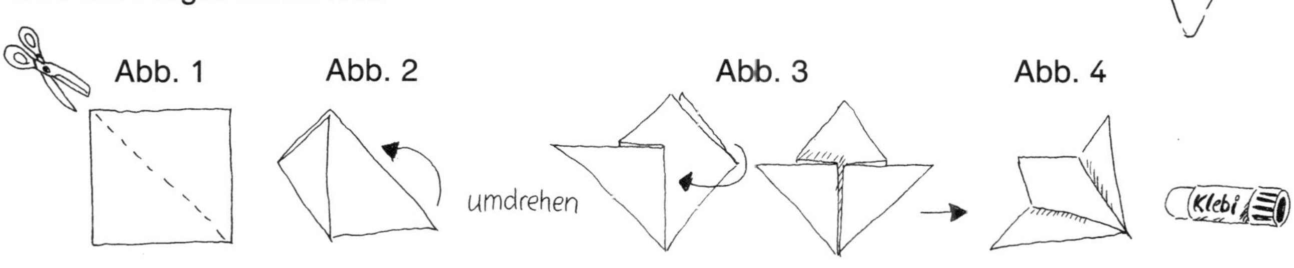

Dosenosternest

Material:

- große leere Konservendose (gereinigt)
- Deckfarbe
- Pinsel
- Fotokarton in Hellbraun und Rosa für die Hasen, Orange und Hellgrün für die Karotten, diverse Farben für die Eier
- Filzstift in Schwarz und Rot
- Alleskleber
- Erde
- Kressesamen
- Schere

So wird's gemacht:

- Male die Dose außen mit deiner Lieblingsdeckfarbe an.
- Übertrage mithilfe der Vorlage die einzelnen Teile deines Hasen auf Tonpapier (das Gesicht und die Pfoten auf hellbraunem, die Ohren auf rosa Karton) und schneide sie aus. Schneide anschließend mehrere Karotten (aus orangefarbenem und grünem Karton) und Eier (in beliebigen Farben) aus.
- Male dem Hasen mit schwarzem und rotem Filzstift ein Gesicht auf.
- Sobald die Farbe an der Dose getrocknet ist, kannst du die Eier und Karotten aufkleben.
- Fülle Erde ein und verteile die Kressesamen darauf.
- Bald kannst du die Kresse ernten.

Tipp:

- Streue Kresse auf ein Butterbrot mit Ei. Das schmeckt super!

Blüteneierbecher

Material:

- Toilettenpapierrolle
- Moosgummi in Weiß, Rosa, Orange, Rot, Gelb
- Schere
- Kleber
- hellgrüner Filzstift

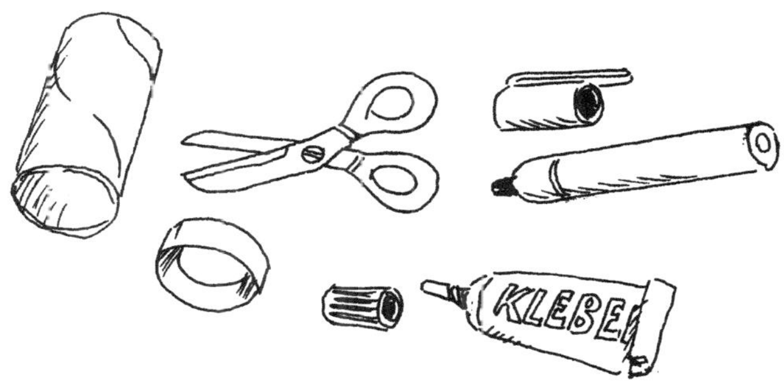

So wird's gemacht:

- Schneide von der Toilettenpapierrolle einen ca. 1 cm breiten Ring ab.
- Male den Ring grün an.
- Schneide aus Moosgummi viele Blütenblätter aus. Den weißen Moosgummi kannst du für die spitze Blütenform der Margerite verwenden.
- Klebe nun die Blütenblätter einer Farbe auf einen grünen Ring.
- Setze ein gekochtes und schön angemaltes Osterei in die Mitte.

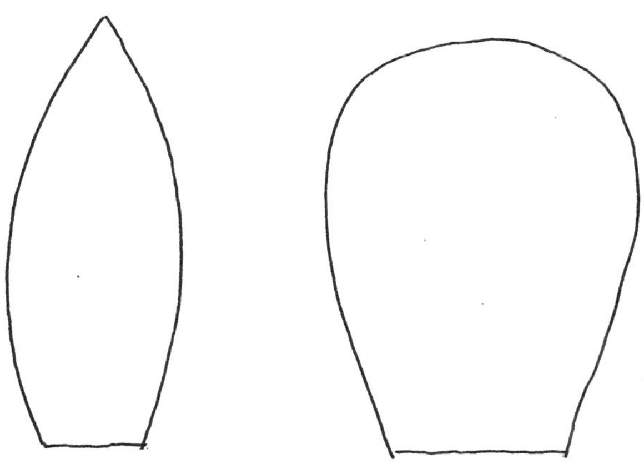

Die Jahreszeitenecke im Sommer

Ideen zur Grundgestaltung:

- Tücher in den Sommerfarben Weiß, Gelb, Blau
- Muscheln
- Gummi-Enten und andere Spritztiere
- Taucherbrille, Schnorchel, Flossen, Liegestuhl
- Bastsonnenschirm über der Jahreszeitenecke

Fischernetze

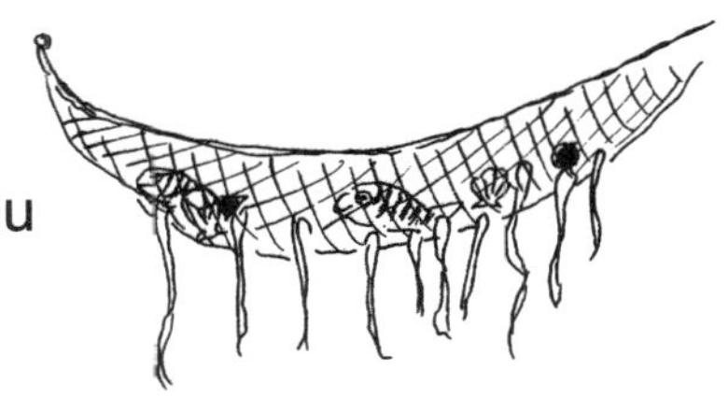

Material:

- blaues Vogelschutznetz für Bäume aus dem Baumarkt
- Krepppapierrolle in Hellgrün, Dunkelgrün, Hellblau, Dunkelblau

So wird's gemacht:

- Hängt gemeinsam die Netze an die Decke.
- Schneidet von den Krepppapierrollen Streifen in verschiedenen Längen ab.
- Zieht sie durch die Löcher des Netzes. Nun habt ihr ein Fischernetz mit Algen.
- In das Netz könnt ihr natürlich auch echte Muscheln oder die gebastelten Fische und Muscheln legen.

Meeresfenster

Tipp:

Fragt euren Hausmeister, ob ihr eines oder mehrere Fenster in eurem Klassenzimmer mit Wasserfarben bemalen dürft, wenn ihr versprecht, am Ende des Schuljahres alles wieder sauber zu putzen.

Material:

- Wasserfarben
- dicke Pinsel
- zum Putzen: Tafelschwamm, Glasreiniger, Küchenrolle, Schwammtuch und Reiniger

So wird's gemacht:

- Malt gemeinsam von unten bis zur Hälfte des Fensters ein Meer mit blauer Wasserfarbe. Schwingt die Pinsel dabei, sodass Wellen entstehen.
- Im Wasser könnt ihr allerlei Meeresgetier aufhängen, auf dem Wasser lasst ihr Schiffe fahren.
- Wenn ihr das Meer wieder entfernen wollt, wascht die Farbe zuerst mit dem Tafelschwamm und viel Wasser ab. Anschließend müsst ihr das ganze Fenster mit Glasreiniger und der Küchenrolle polieren. Vergesst nicht, am Schluss die Rahmen und Fensterbänke sauber zu machen.

Tipps:

- Die Fischvorlagen sind auch spiegelverkehrt abgebildet. So können die Fische in beide Richtungen schwimmen. Du kannst jedoch auch jeweils zwei Fische zusammenkleben. Dann sieht der Fisch von beiden Seiten gleich schön aus.
- Beim Aufhängen der Fische sieht es besonders hübsch aus, wenn ihr mehrere Fische einer Art als Fischschwarm in die gleiche Richtung schwimmen lasst.

Fisch 1

Material:

- Tonpapier in Hellrosa
- roter Filzstift, Schere

So wird's gemacht:

- Kopiere die Vorlage auf rosa Tonpapier.
- Male die Streifen mit rotem Filzstift aus.
- Schneide den Fisch aus.

Fisch 2

Material:

- Tonpapier in Blau
- Schere

So wird's gemacht:

- Kopiere den Fisch auf blaues Tonpapier und schneide ihn aus.

Fisch 3

Material:

- lila und rotes Tonpapier
- Locher, Kleber, Schere

So wird's gemacht:

- Kopiere den Fischkörper auf lila, die Flosse auf rotes Tonpapier.
- Schneide beides aus.
- Mit dem Locher stanzt du dann Konfetti aus rotem Tonpapier.
- Klebe das Konfetti und die Flosse auf den Fischkörper.

Fisch 1

Fisch 2

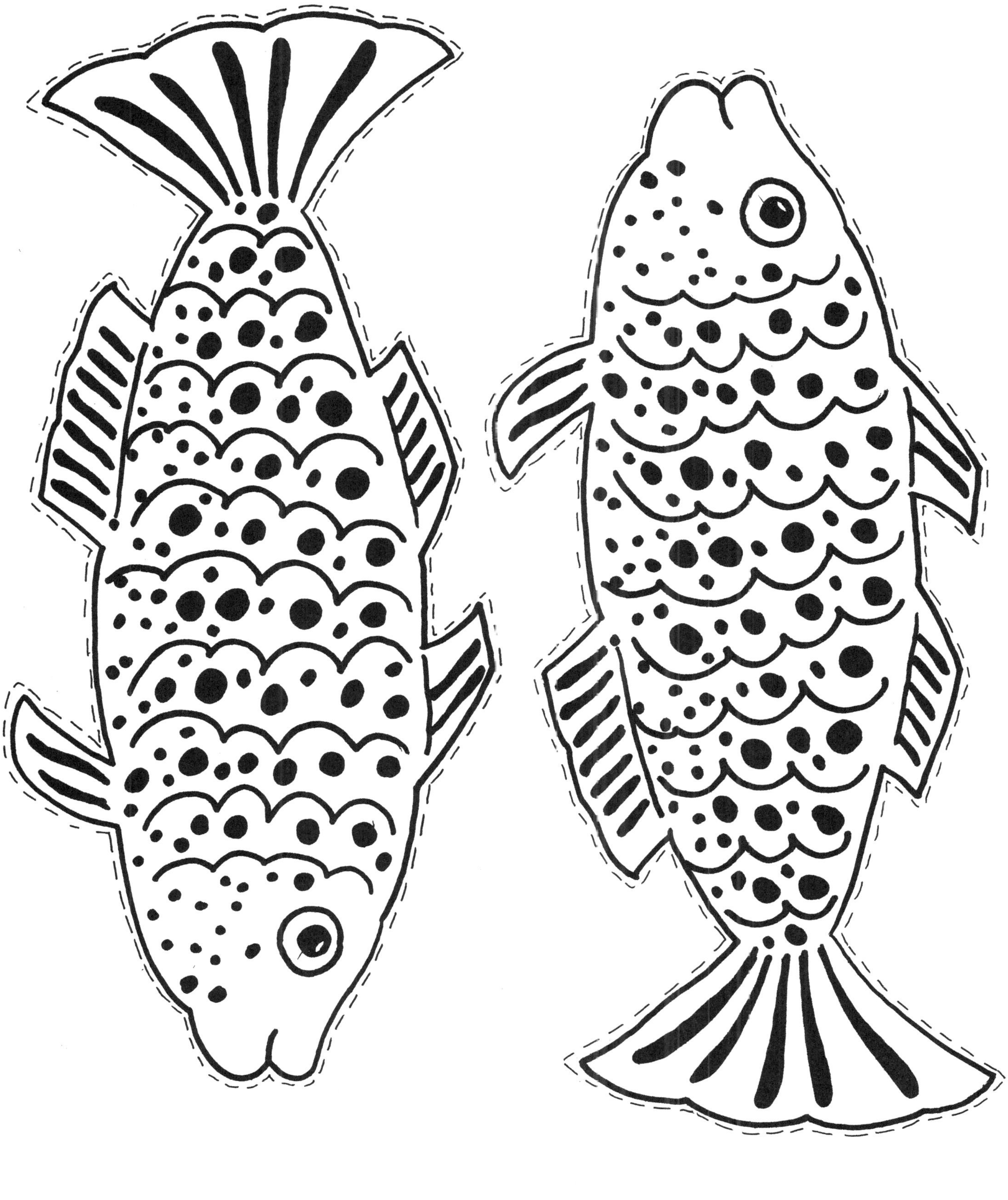

Fisch 3

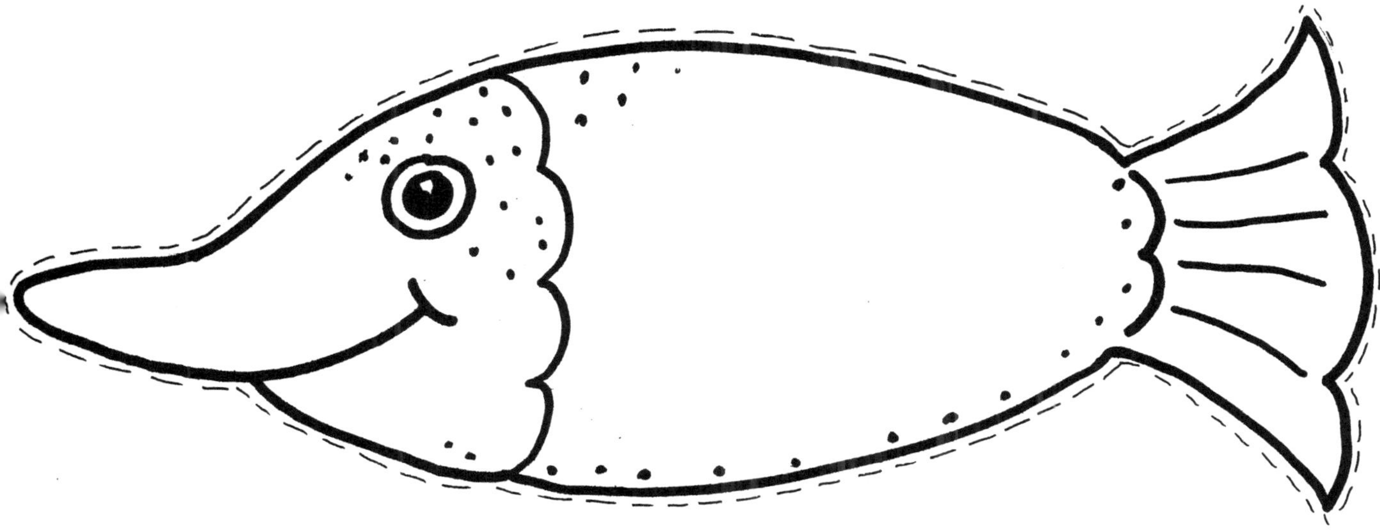

Korallen

Material:

- Tonpapier in verschiedenen Grüntönen
- Regenbogentonpapier
- Schere

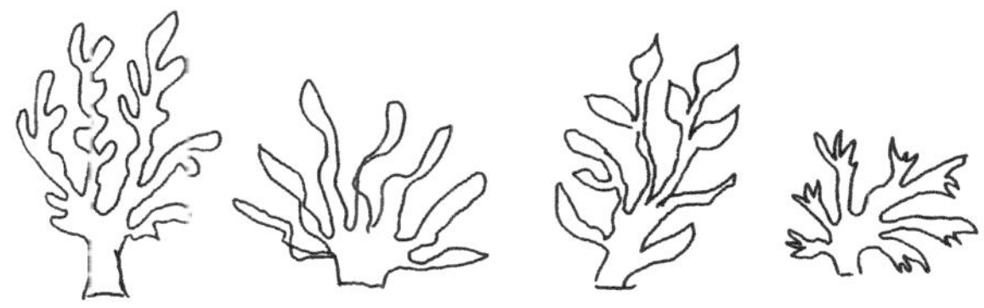

So wird's gemacht:

- Vergrößere mithilfe des Kopierers die Korallenvorlage auf ca. 125%.
- Übertrage die vergrößerte Vorlage auf Tonpapier deiner Wahl (grün oder regenbogenfarben) und schneide aus.

Seepferdchen

Material:

- Tonpapier in kräftigen Gelb- und Beigetönen
- orangefarbener Filzstift
- Schere

So wird's gemacht:

- Kopiere die Vorlage auf Tonpapier.
- Schneide dann die Seepferdchen aus.
- Male die Flecken auf dem Seepferdchen mit orangefarbenem Filzstift aus.

Seesterne

Material:

- Tonpapier in Hellgelb und Orange
- sandfarbenes Tonpapier
- Schere, Locher, Kleber

So wird's gemacht:

- Kopiere die Seesterne auf sandfarbenes und hellgelbes Tonpapier.
- Schneide die Seesterne aus.
- Stelle mithilfe eines Lochers Konfetti aus orangerotem Tonpapier her.
- Klebe das Konfetti auf die Seesterne.

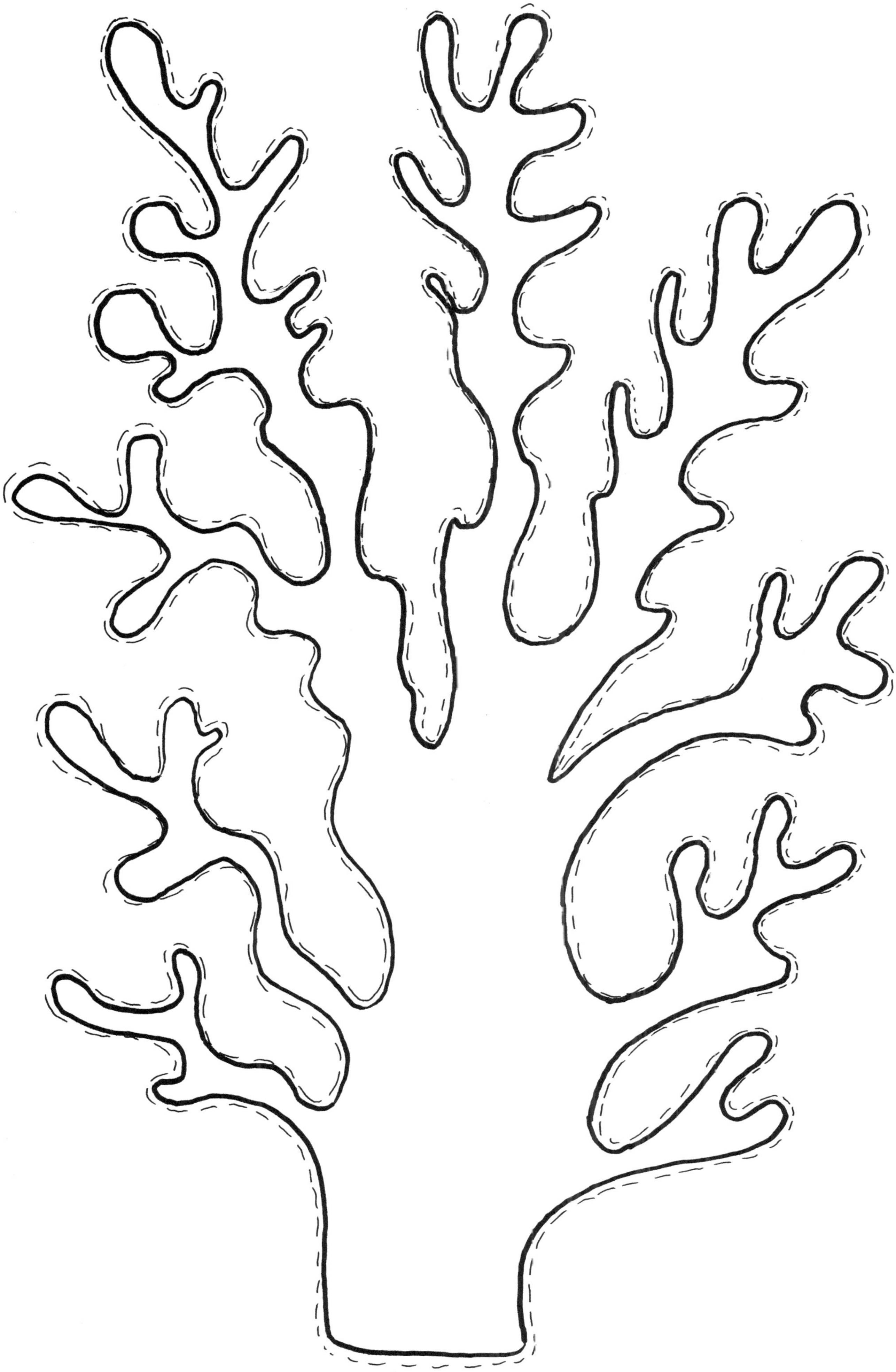

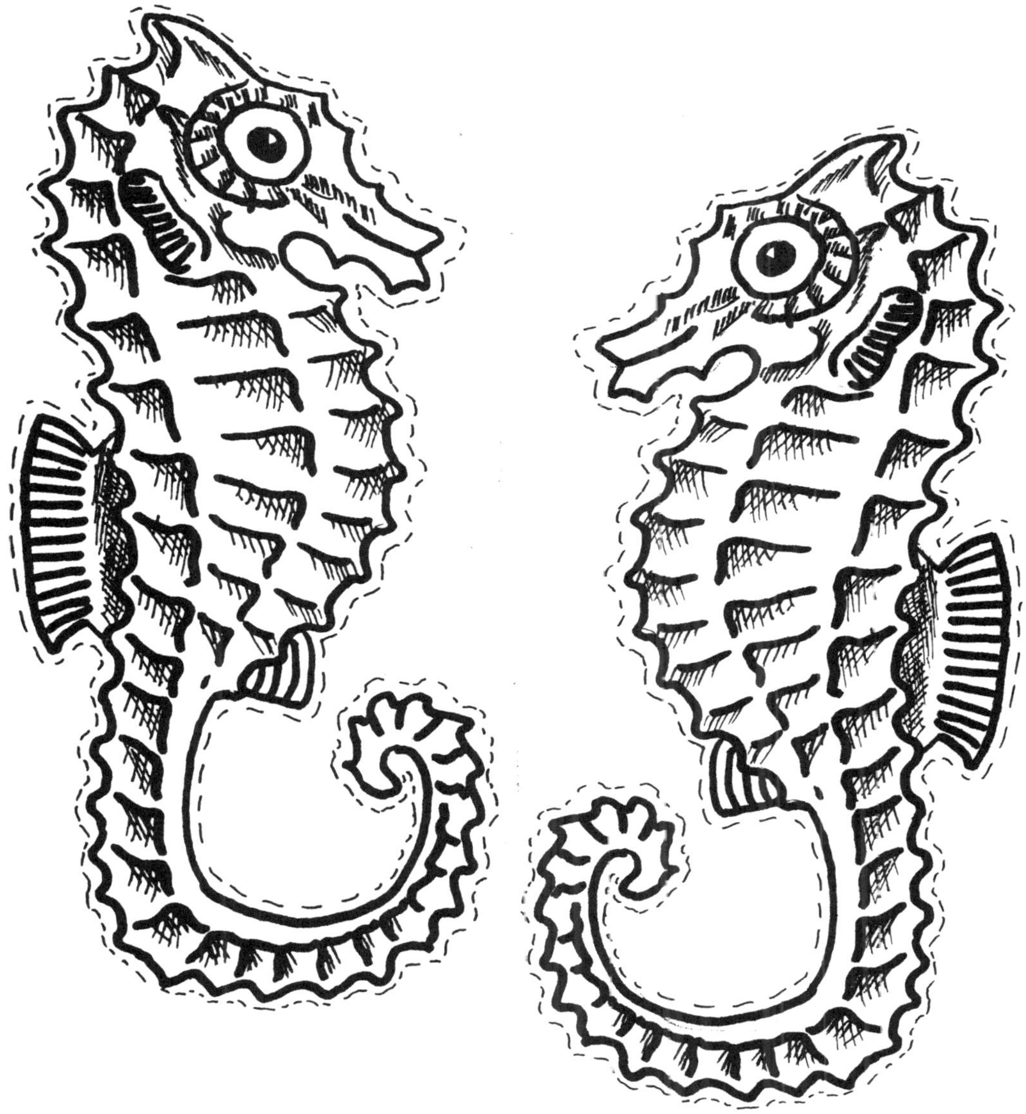

Muscheln

Material:

- sandfarbenes Tonpapier für Muschel 1 und Muschel 2
- Regenbogentonpapier für Muschel 1
- Filzstifte
- Schere

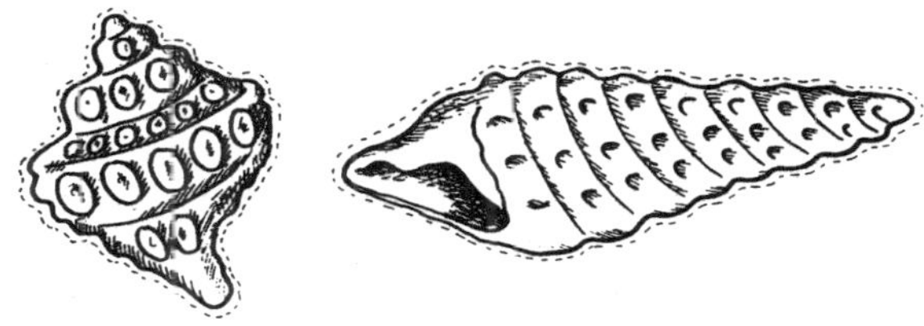

So wird's gemacht:

- Kopiere die verschiedenen Muschelvorlagen auf Tonpapier.
- Mit Filzstiften kannst du die Muscheln nach Belieben anmalen, bevor du sie ausschneidest.

Muschel 1

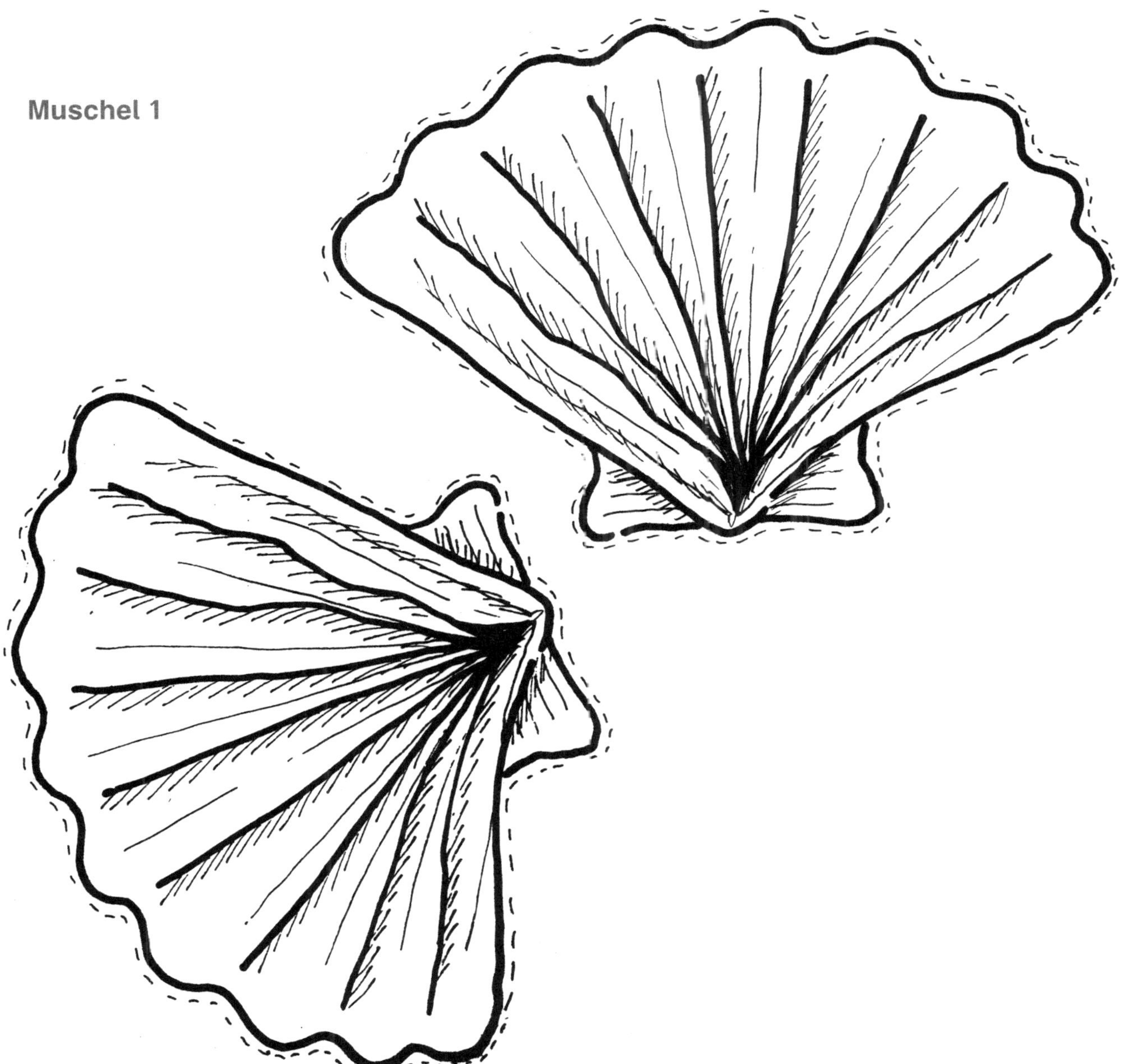

Muschel 2

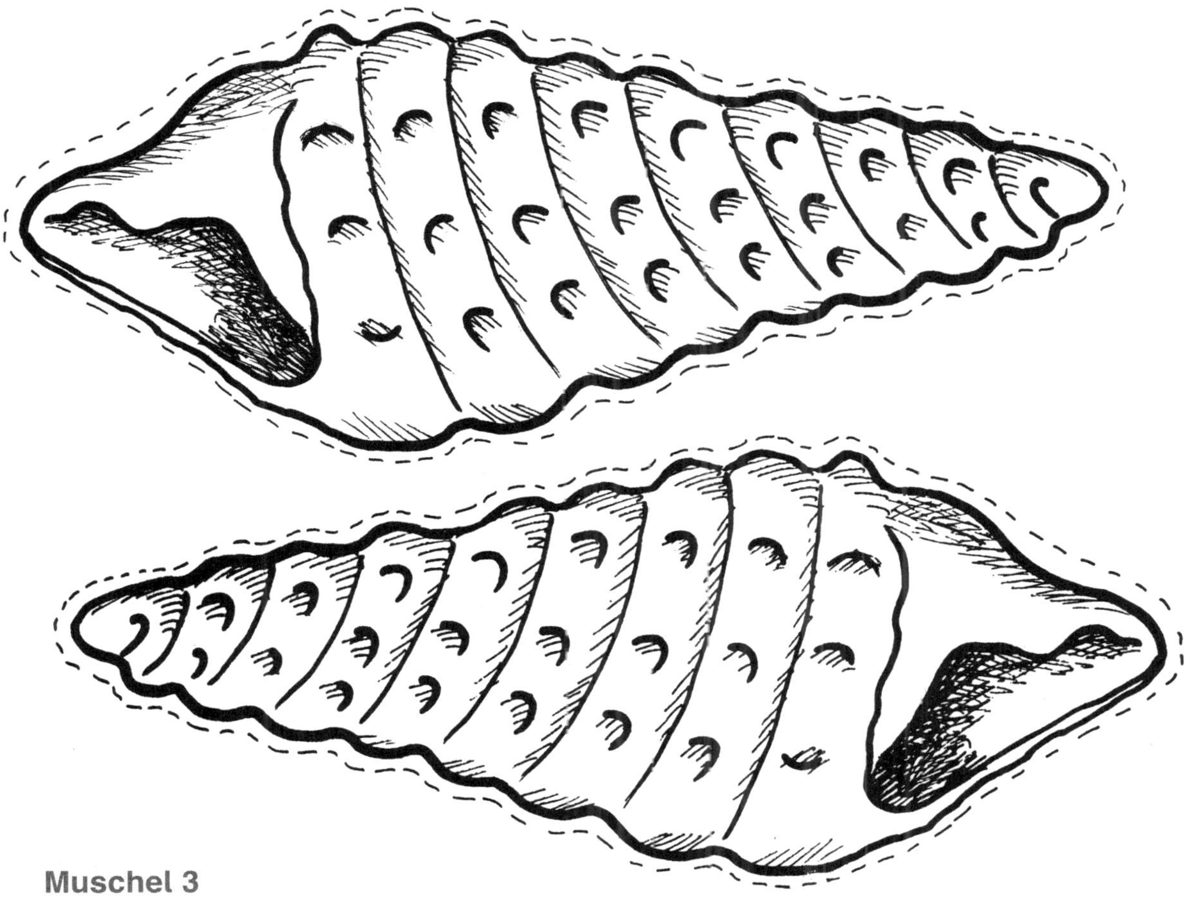

Muschel 3

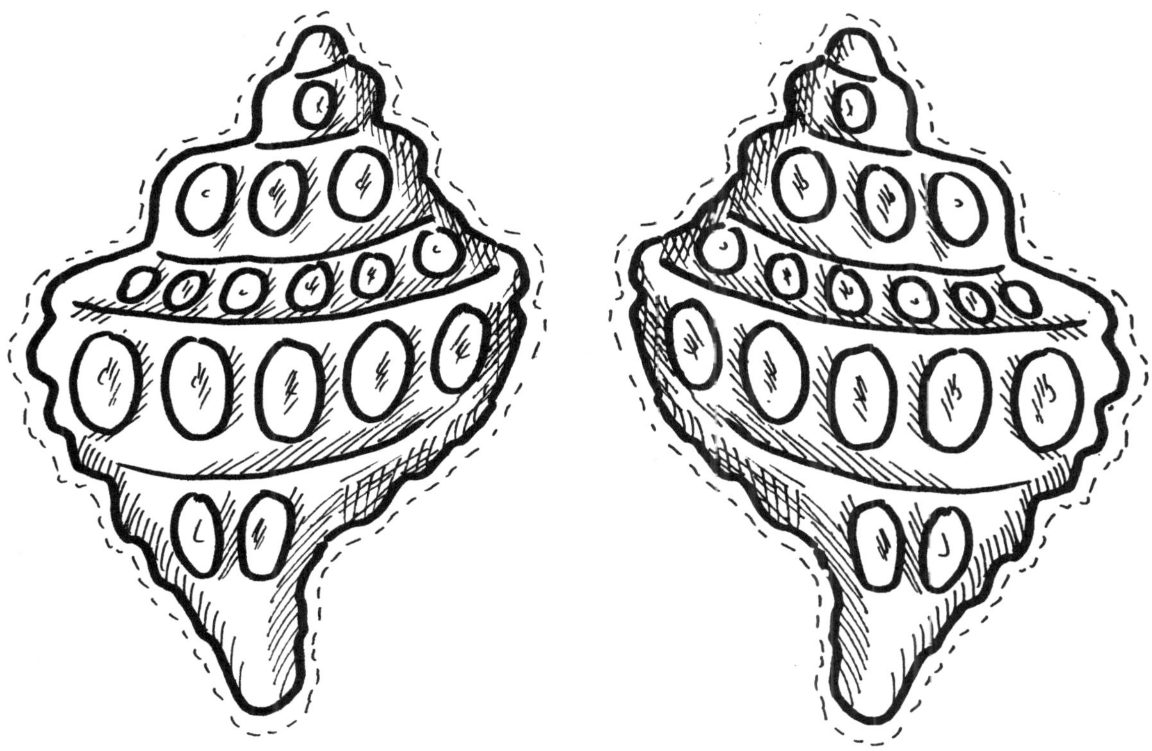

Segelschiffe

Material:

- braune Wellpappe
- weißes Tonpapier
- Wachsmalkreiden
- Kleber, Schere

So wird's gemacht:

- Übertrage mithilfe der Vorlagen Schiffsrumpf und Mast auf braune Wellpappe und die Segel auf weißes Tonpapier. Schneide anschließend alles aus.
- Bemale die Segel mit Wachsmalkreiden.
- Klebe zum Schluss die Segel von hinten an den Mast.

Tipp:

- Hängt eure Segelschiffe so auf, dass sie über die Wellen „tanzen“.

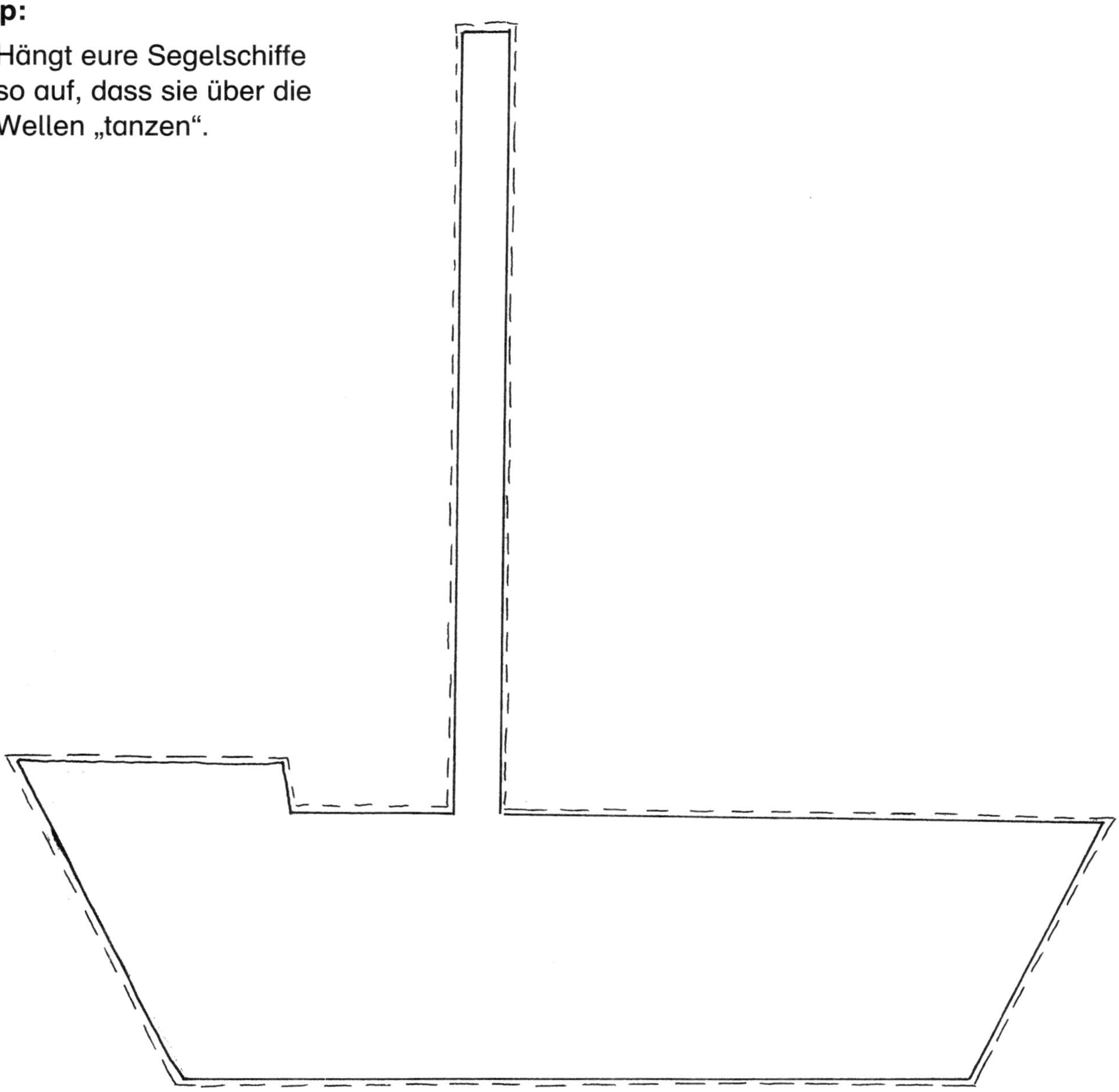

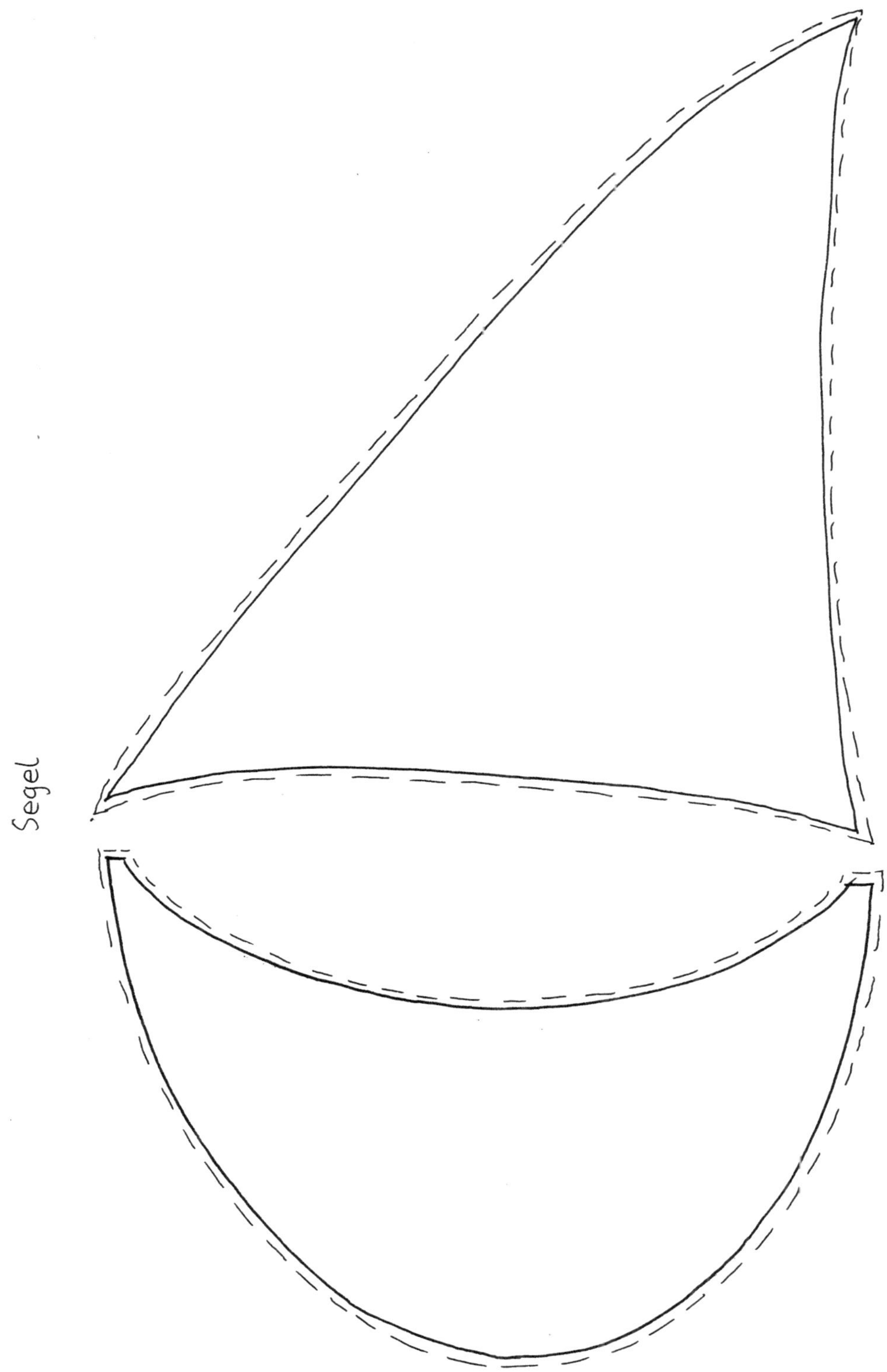
Segel

Faltdampfer

Material:

- buntes Tonpapier
- Watte für die Schornsteine
- Kleber, Schere

So wird's gemacht:

- Schneide das Tonpapier quadratisch zu.
- Falte alle vier Ecken in die Mitte (Abb. 1).
- Drehe das Blatt um und falte noch einmal alle vier Ecken in die Mitte (Abb. 2).
- Drehe das Faltgebilde erneut um und falte die Ecken ein drittes Mal zur Mitte (Abb. 3).
- Drehe das Ganze nochmals um, sodass die zuletzt gefalteten Ecken unten liegen. Oben siehst du nun vier aufliegende Quadrate. Suche dir zwei gegenüberliegende aus und drücke sie nach außen (Abb. 4). Das ist der Schornstein.
- Falte nun das Ganze zusammen, sodass die Schornsteine aufeinanderliegen und ziehe die nach innen gefalteten Ecken nach außen (Abb. 5 und 6).
- Klebe zum Schluss noch Watte in die Schornsteine.

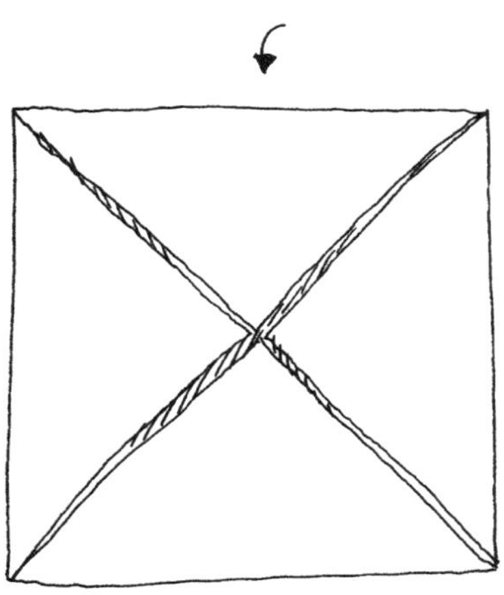

Abb. 1

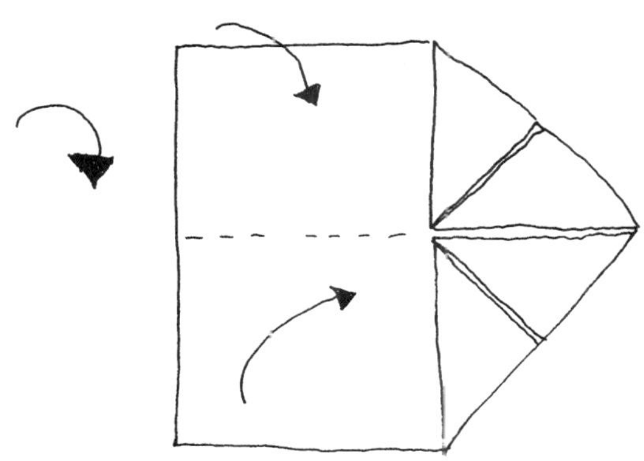

Abb. 2

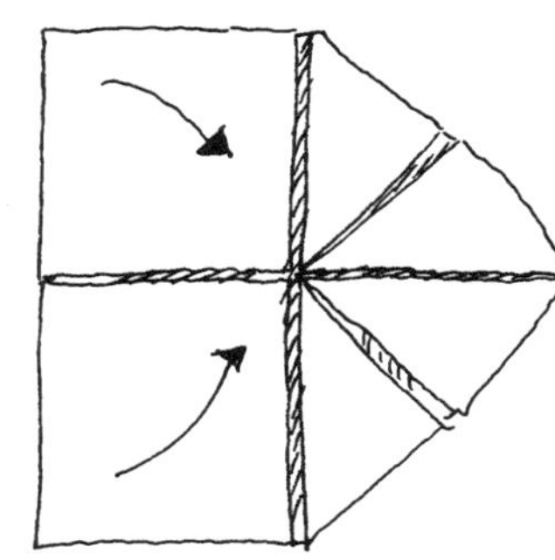

Abb. 3

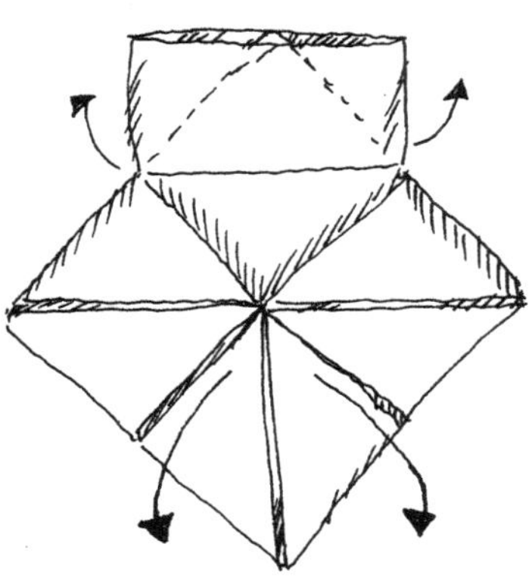

Abb. 4

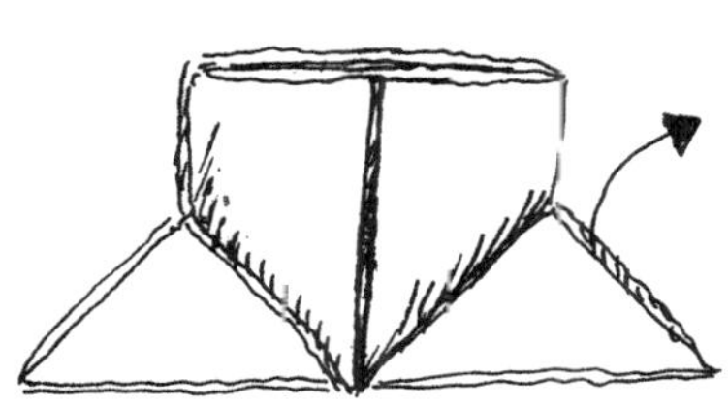

Abb. 5

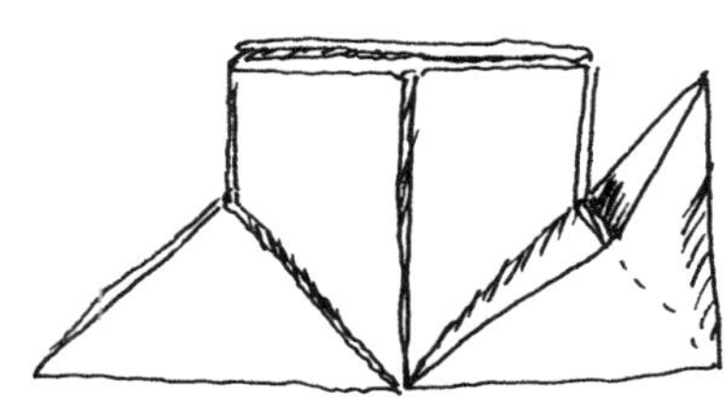

Abb. 6

Muschelkerzen

Material:

- einfaches Glas
- Gelwachs
- Docht
- Muscheln, schöne Steine und Glitzer
- Bast

So wird's gemacht:

- Lege nach Belieben Muscheln und Steine in das Glas und verziere es mit Glitzer, wenn du möchtest.
- Fülle das Gelwachs darauf und stecke den Docht in das Glas.
- Binde zum Schluss mit dem Bast eine Schleife um das Glas.

Muscheltöpfe

Material:

- Blumentopf
- Spachtelmasse aus dem Baumarkt
- Spatel o. Ä. (zum Auftragen der Masse)
- Muscheln
- blaue Muggelsteine
- Erde
- Grassamen

So wird's gemacht:

- Rühre die Spachtelmasse an, so wie es auf der Packung steht.
- Bestreiche damit die Außenseite des Blumentopfes. Drücke die Muscheln und die Muggelsteine hinein, bevor die Masse trocken ist.
- Wenn alles getrocknet ist, füllst du Erde in die Blumentöpfe und säst Gras an. Stelle deinen Topf auf die Fensterbank. Wenn du regelmäßig gießt, wächst bald das Gras.